Pêcheur de Las Galeras.

Propulsée en quelques années au rang de best-seller des marchands de rêves balnéaires, la République dominicaine peut s'enorgueillir à juste titre de ses quelque six cents kilomètres de sable blanc, de ses côtes ourlées de cocotiers, de ses eaux insolemment turquoise, de ses spots de glisse à la renommée internationale et de ses parcours de golf réputés. C'est d'abord un rendez-vous avec l'histoire qui s'offre à vous. Vous marchez sur les traces des conquistadors, au sein d'un des territoires découverts au début de la conquête du Nouveau Monde, et le premier colonisé. Mais c'est aussi la découverte d'un pays à l'histoire bien plus ancienne, quoique méconnue, celle de ses premiers habitants, les pacifiques Taïnos. C'est ensuite une plongée au cœur d'une nature généreuse et opulente, haute en couleur et riche de senteurs exquises. La République dominicaine c'est des sierras audacieuses, des rivières fougueuses, les charmes d'un *campo* indolent ponctué de petits villages inexplorés qui vivent au ralenti sous un soleil toujours bienveillant, bien loin des centres touristiques branchés trépidants d'activité. En République dominicaine, comme on le dit un peu partout, « ¡ No hay problema y tomalo suave ! ».

Sommaire

Découverte

Visite

Isla Saona.

Masque de carnaval.

Pense futé

La République dominicaine

ÉTATS-UNIS
OCÉAN
ATLANTIQUE
Golfe du Mexique
Bahamas
CUBA
RÉPUBLIQUE DOMINICAINE
MEXIQUE
BELIZE
JAMAÏQUE
HAÏTI
PORTO RICO
GUATEMALA
HONDURAS
Mer des Caraïbes
SALVADOR
NICARAGUA
PANAMA
COSTA RICA
COLOMBIE
VENEZUELA
1000 km
ATLANTIQUE
Cabo Frances Viejo
Cabrera
Bahía Ocesa
Nagua
El Factor
Las Terrenas
El Limón
Cabo Samaná
Las Galeras
SAMANÁ
Sanchez
Samaná
Yuna
Bahía de Samaná
Sabana de la Mar
Parque Nacional Los Haitises
Miches
El Valle
762
Cordillera Oriental
Monte Plata
MONTE PLATA
HALTA MAJOR
EL SEIBO
Hata Mayor
El Seibo
Yabacao
Los Llanos
Seico
Guaymate
LA ALTRAGRACIA
Bavaro
Cabo Engaño
Higüey
Yuma
Punta Cana
LA ROMANA
SANTO DOMINGO
SAN PEDRO DE MACORIS
San Pedro de Macoris
Boca Chica
La Romana
San Rafael del Yuma
Haina
Juan Dolio
Isla Catalina
Bahía de Yuma
Bahía de La Altagracia
Parque Nacional del Este
Punta Palenque
Isla Saona
MER DES CARAÏBES
N
0 km
15
30
45
60 km
(en mètres)
1000
500
200

Jour de carnaval à Santo Domingo.

Les plus de la République dominicaine

La première capitale du Nouveau Monde

Santo Domingo est le berceau des Amériques. La ville coloniale, tout simplement somptueuse, est inscrite au patrimoine culturel mondial par l'Unesco. La métropole fut le siège de la première cathédrale, de la première Audience royale espagnole, de la première université, et du premier hôpital du Nouveau Monde. Elle a également été, en 1508, la première cité du Nouveau Monde à obtenir un blason. La cour du vice-roi des Indes y fut un modèle de raffinement, et cette cité, aussi belle que les plus belles villes d'Espagne, servit de modèle aux autres villes construites par les Espagnols dans le Nouveau Monde. Se promener sur les traces de l'histoire, remettre ses pas dans ceux des dignitaires qui foulèrent ces rues pavées séculaires est une invitation à un véritable voyage dans le temps au charme immuable.

© AUTHOR'S IMAGE

La République dominicaine est réputée pour ses plages de rêve, ici à Playa Bavaro.

Des plages à l'infini

Les côtes dominicaines se déploient sur près de 1 300 km (dont environ 600 km de plages) qui, selon les régions, revêtent des personnalités très différentes. Sauvages et secrètes, cachées au fond d'anses profondes à l'abri des courants marins, piscines naturelles protégées par des barrières de corail, longues plages balayées par des vents réguliers et puissants, intimes et nonchalantes ou branchées et vibrantes d'activité, ces plages qui invitent au farniente sont, sans conteste, parmi les plus belles du monde. De la beauté sauvage des plages du Sud aux paysages paradisiaques des plages du Nord, chacun trouvera en République dominicaine, où aucune plage n'est semblable à une autre, celle qui lui convient.

Une douceur de vivre sans pareille

Musique, rhum, mer et soleil font bon ménage en République dominicaine.

© ATAMU RAHI - ICONOTEC

Joueur de maracas.

Comme nulle part ailleurs, la douceur de vivre s'exprime dans la nonchalance des démarches chaloupées, dans les sourires des visages joliment métissés, dans l'espièglerie des yeux des enfants, dans les accents chantants des conversations… La musique accompagne la vie quotidienne dans les transports, les marchés, les boutiques…
Les Dominicains sont d'une gentillesse touchante à laquelle on succombe très vite. Et l'on n'oublie jamais de partager une noix de coco, une bière bien fraîche ou un cocktail assaisonné d'un rhum chaleureux.

Un climat idéal toute l'année

Bien que le pays connaisse un hiver d'octobre à mars, celui-ci n'est pas flagrant, et le temps reste très clément (26 °C de température moyenne) pendant les douze mois de l'année ; pour nous qui sommes habitués aux rigueurs des climats continentaux, la chaleur et le soleil sont au rendez-vous toute l'année. L'été, de mai à septembre, est plus chaud et humide et la période cyclonique (de juillet à octobre) connaît parfois des pluies violentes, mais de courte durée.

Le berceau du *mérengué* et de la *bachata*

La République dominicaine est aussi un pays de musique qui a su exporter ses rythmes dans le monde entier. Le *mérengué*, la musique et la danse nationales, a déjà conquis l'Amérique latine tout entière, et c'est maintenant à la vieille Europe de succomber à ses mélodies enjouées, à ses paroles sans prétention, à son rythme endiablé, à ses pas simples et ondulants. Plus gai et plus simple à danser que la salsa, le *mérengué* envahit la vie quotidienne et donne une gaîté naturelle à l'air ambiant. La *bachata*, longtemps cantonnée dans les campagnes et les milieux populaires, est devenue l'autre danse du pays. Elle compte aujourd'hui ses grands artistes, ses hits et ses radios dédiées.

Fiche technique

La République dominicaine en bref

Le pays

- **Nom officiel :** République dominicaine.
- **Capitale :** Santo Domingo.
- **Superficie du pays :** 48 380 km^2.
- **Langue officielle :** espagnol.
- **Chef de l'Etat :** Leonel Fernández.
- **Nature de l'Etat :** République démocratique, régime présidentiel.

La population

- **Population :** 8 900 000 habitants.
- **Population de Santo Domingo :** 3 000 000 habitants.
- **Taux de natalité :** 23 ‰.
- **Taux de mortalité :** 7 ‰.
- **Moyenne d'âge :** 23,88 ans.
- **Espérance de vie :** 67 ans pour les hommes, 69 ans chez les femmes.
- **Population sous le seuil de pauvreté :** 25 %.
- **Groupes ethniques :** blancs 16 %, noirs 11 %, métis 73 %.
- **Religion :** catholiques 95 %, autres églises chrétiennes 5 %.

L'économie

- **PIB :** 15 milliards de $.
- **Chômage :** 17 %.

Saisonnalité

On peut voyager toute l'année en République dominicaine. Les hautes saisons touristiques se situent entre novembre et février, à Pâques, puis en juillet et août.

Le drapeau dominicain

En 1809, la République dominicaine se libère de sa domination française, mais reste rattachée à Haïti jusqu'en 1844. A cette date, une révolte contre les Haïtiens se termine par la proclamation de la République dominicaine. Cette même année, le pays va se doter de son propre drapeau. Le bleu et le rouge symbolisent la liberté et les sacrifices nécessaires à l'indépendance, tandis que la croix blanche représente la foi religieuse de la population. Au centre du drapeau, les armoiries : les branches de laurier et de palmier autour des armes de l'Etat mettent en avant la foi religieuse à travers une croix et une Bible ouverte, et la devise (en espagnol) : Dieu, patrie, liberté.

Boutique de cigares à Playa Bavaro.

La République dominicaine en 10 mots-clés

Bachata

Cette musique aux racines rurales est devenue le rythme le plus populaire du pays et a su s'exporter bien au-delà des frontières de l'île. Les *bachateros* sont désormais les nouvelles stars dominicaines. Le groupe new-yorkais Aventura a largement contribué à l'internationalisation de ce rythme.

Carnaval

En République dominicaine, le carnaval est une affaire sérieuse. Il se fête deux fois dans l'année, à la date anniversaire du jour de l'Indépendance nationale, le 27 février, et pour celui de la restauration de la République, le 16 août. A chaque ville ses masques, ses costumes, ses musiques et ses personnages. Au hit-parade, les Africains, les diables, les poules, les coqs et le calife tiennent le haut du pavé. Les carnavals les plus célèbres sont ceux de Santo Domingo, de San Pedro de Macoris, de Montecristi, de Samaná, de Santiago et de La Vega. Celui de la capitale se termine par une parade haute en couleur sur le Malecón.

Dominos

C'est le jeu masculin traditionnel qui se joue partout et à toute heure ; une table

© SIR PENGALLAN - ICONOTEC

Joueur de dominos à Sánchez.

bancale et quelques chaises suffisent aux joueurs pour s'installer et improviser une partie qui peut durer des heures. Particulièrement habiles, les joueurs tiennent les dominos dans une seule main et les font claquer bruyamment en les abattant sur le jeu.

Gallera

Chaque village possède sa *gallera*, l'arène où se déroulent les combats de coqs, un loisir populaire et très prisé. Les combats, fréquentés quasiment uniquement par des hommes, se déroulent en fin de semaine. Un modeste droit d'entrée est perçu dont la valeur augmente avec la proximité de la piste. Les parieurs s'enflamment à mesure que les combats se déroulent et l'atmosphère est souvent électrique.

Kit

Vous pourrez rapporter en kit les traditionnelles *mesedoras*, les chaises à bascule dans lesquelles les Dominicains se prélassent à longueur de journée sur leur véranda.

Mérengué

La musique traditionnelle a aujourd'hui franchi les frontières du pays pour devenir le rythme latino par excellence, le principal rival de la salsa.

Rhum

La boisson nationale est omniprésente dans le moindre *colmado* (épicerie) et bien sûr dans toutes les boutiques de souvenirs du pays. Boisson conviviale par excellence, le rhum se boit parfois sec, mais aussi en cocktail, le plus souvent avec du cola (*cuba libre*) ou avec de la limonade (*santo libre*). Il est à la base de nombreux cocktails plus sophistiqués principalement consommés par les touristes. Dans les bars et lieux de nuit, il est plus économique de commander un *servicio* à partager (bouteille de rhum petit format, bouteille de cola et seau de glaçons) que des boissons individuelles. Trois marques se disputent âprement le marché national : Brugal, Barcelo et Bermudez, constituant la trilogie des 3B.

Semaine sainte

Pendant la *Semana Santa* (qui débute une semaine avant Pâques), tout s'arrête dans le pays, tout sauf la fête. On ne trouve plus une chambre d'hôtel de longues semaines à l'avance, plus une voiture à louer, le pays affiche complet. C'est la folie dans les lieux touristiques, sur les plages, dans la rue, dans les discothèques, la nuit et le jour. La fête religieuse s'est transformée en une fête païenne qui mobilise l'ensemble de la population.

Tomalo suave

Les Dominicains sont des gens accueillants, chaleureux, serviables, calmes et posés, voire fatalistes, sauf au volant ou sur les pistes de danse ! *No hay problema* et *Tomalo suave* (« pas de problème » et « prends-le cool ») sont deux expressions qui rythment la vie quotidienne.

Zombie

Dans les croyances vaudous, c'est le fantôme d'un mort animé de mauvaises intentions qui revient hanter les vivants. Les plus dangereux sont les *bacas* de la région de Samaná qui se réincarnent en animaux et se nourrissent de sang. Nul n'en a vu de ses yeux, mais chacun a un ami, un cousin ou un frère qui, lui, a croisé un *baca* une certaine nuit...

Survol de la République dominicaine

Géographie

Différentes thèses s'opposent au sujet de la formation des îles qui composent l'arc antillais. Effondrement d'une partie de l'Amérique centrale ou émergence de terres suite à des mouvements souterrains, on retiendra parmi les théories que de profondes crevasses, dont certaines avaient une activité volcanique, se sont formées au fond des mers et que l'une d'elles donna naissance à Hispaniola.

→ **L'île d'Hispaniola** appartient à l'archipel des Grandes Antilles (Cuba, Porto Rico et Jamaïque). C'est la deuxième de ces îles par la taille, après Cuba. Terre de contrastes, c'est la plus montagneuse des quatre îles, avec le plus haut sommet des Caraïbes, le Pico Duarte, qui culmine à 3 175 m. Elle abrite aussi le point le plus bas de l'archipel, à 40 m sous le niveau de la mer, avec le lac hypersalin Enriquillo qui s'étend sur 260 km². Du fait de sa position dans l'arc antillais, elle fut surnommée « la clé d'entrée des Indes occidentales » par le roi Philippe II d'Espagne. Les Haïtiens disent d'elle qu'elle est une mâchoire de crocodile prête à claquer sur la queue de Cuba.

→ **La République dominicaine partage l'île Hispaniola avec Haïti,** située dans la partie occidentale. Elle en occupe les deux tiers, ce qui représente une superficie de 48 380 km², une surface sensiblement égale à celle de la Suisse. Elle possède 1 288 km de côtes, dont plus d'un tiers de plages. La frontière qui la sépare d'Haïti est longue de 275 km. L'île est bordée par l'océan Atlantique au nord et la

David, Georges, Jane, Noël...

De bien jolis noms pour de violents phénomènes parfois meurtriers. L'île se situe au carrefour des cyclones qui viennent de l'Atlantique et de l'arc antillais et qui menacent toute la zone caraïbe entre juillet et octobre, période dite cyclonique. Chaque année, la zone caraïbe en essuie de deux à une vingtaine, avec une moyenne de sept phénomènes par période cyclonique. Parmi les plus dévastateurs, citons Charlie en 1951, Flora en 1960, David et Edith en 1970, Allen en 1980, Gilbert en 1988, Hugo en 1989, Georges et Mitch en 1998. Cette sinistre liste conforte l'idée populaire qu'un cyclone majeur apparaît tous les dix ans. La République dominicaine n'a pas été épargnée par les cyclones puisque le pays a été dévasté deux fois, par David en 1970 puis par Georges en octobre 1998.

© AUTHOR'S IMAGE

Parc national Los Haïtises.

mer des Caraïbes au sud. Le canal de Mona, redouté de tous les marins pour ses forts courants et ses vents violents et imprévisibles, la sépare de Porto Rico à l'est.

Relief

La République dominicaine est traversée par quatre chaînes de montagnes, résultat d'une suite de plissements survenus durant l'ère tertiaire. La cordillère centrale, qui se déploie sur 20 km de large pour 100 km de long, prend naissance en Haïti sous le nom de massif du Nord. Elle traverse le centre du pays et s'achève dans le Sud vers San Cristóbal. Le point culminant des Antilles – le Pico Duarte, 3 175 m – se trouve au centre de cette chaîne et voisine avec le pic de la Pelona (3 087 m). La chaîne possède un haut-plateau, le Valle Nuevo, à 2 200 m d'altitude, au climat froid (jusqu'à moins 8 °C en hiver).

→ **La cordillère septentrionale** sépare la plaine côtière de la vallée du Cibao, parallèlement à la cordillère centrale, de Montecrisiti à El Gran Espero dans la province de Maria Trinidad Sanchez. Le pic Diego de Ocampo en est le point culminant à 1 229 m.

→ **La cordillère orientale,** ou Sierra del Seibo, la plus courte et la moins élevée des trois chaînes, occupe la zone est de l'île. Cacao, café et citriques sont plantés sur ses flancs.

→ **Dans la région sud-ouest, la Sierra de Bahoruco** domine les côtes en s'étirant sur 70 km d'un relief abrupt. Elle occupe une superficie de 2 400 km² et culmine à la Loma del Toro à 2 367 m d'altitude. Elle est sillonnée par les fleuves Palomino, Ito, las Damas, Bermesi, Bahoruco et Nizaito.

→ **La modeste Sierra de Samaná,** qui ne compte pas au nombre des montagnes, s'élève à quelques 600 m d'altitude, et se caractérise par des reliefs plongeant à-pic dans la mer et par les douces ondulations de ses collines appelées *lomas*...

Climat

Comme ses voisines des Caraïbes, la République dominicaine possède un climat de type subtropical humide, tempéré en altitude. Les vents du bord de mer et les alizés du nord-est adoucissent la chaleur. La température moyenne est de 25 °C avec de faibles variations tout au long de l'année. La température de l'eau est agréable en toute saison : de 26 à 27 °C en hiver et de 29 à 31 °C en été.

→ **On distingue une saison d'été (de mai à septembre),** avec un maximum de chaleur au mois d'août, et une saison d'hiver (d'octobre à avril), où les températures sont plus fraîches. Les différences d'altitude se traduisent par d'importantes variations des températures qui peuvent même, de manière exceptionnelle, atteindre des valeurs négatives dans les montagnes.

→ **Une grande humidité règne pendant toute l'année** avec un taux variant de 65 % à 80 %. La partie occidentale du pays, en particulier la côte nord-ouest, est particulièrement sèche alors que la partie orientale est beaucoup plus humide.

→ **Il y a deux saisons des pluies,** l'une plus prononcée de mai à août, l'autre plus discrète, en novembre et en décembre, caractérisée par de fortes averses en fin de journée, baptisée période cyclonique.

Environnement et écologie

Ce pays, qui sort à peine du tiers-monde, oriente ses efforts vers l'éducation, la santé, la lutte contre le chômage et la pauvreté, les grands travaux d'aménagement, l'exploitation des

Palétuviers dans la lagune Gri Gri.

ressources locales, le redéploiement des zones franches... Bref, les préoccupations écologiques ne sont pas à l'ordre du jour du calendrier politique, même si la Secretaria d'Estado del Medio Ambiente y Recursos Naturales tente de mener quelques réformes. Ce constat se nuance en raison de la place toujours plus importante du tourisme dans le pays. Les responsables des zones touristiques sont donc vigilants concernant cet aspect des choses et des mesures sont prises, au coup par coup, par les autorités locales. De nombreuses initiatives orchestrées par des associations, notamment d'investisseurs étrangers, voient le jour dans les zones touristiques du pays, palliant les carences des autorités. Ainsi, les plages de Las Terrenas sont équipées de discrètes poubelles parrainées par quelques entreprises locales créées par des Français (Bahia Tours, Haitian Art Gallery...) qui invitent les visiteurs comme la population locale à respecter la nature.

Parcs nationaux

Les seize parcs nationaux couvrent environ 10 % du territoire dominicain. Ces parcs et réserves sont pour certains difficilement accessibles et les infrastructures touristiques y sont peu développées. Le parc national est le royaume du tourisme dit écologique. La direction nationale des parcs est l'administration chargée de leur gestion et, théoriquement, c'est auprès d'elle que l'on doit solliciter une autorisation pour les visites individuelles. Cet organisme possède quelques brochures et des informations sur les commodités locales (très restreintes) et les tarifs (c'est important pour ne pas se faire surtaxer à l'entrée par les gardes). Le secrétariat d'Etat au Milieu ambiant et aux Ressources naturelles possède un site Internet très bien fait qui recense tous les parcs nationaux, aires protégées et sites naturels que recèle la République dominicaine : www.ceiba.gov.do

Faune

Une volière tropicale

Les ornithologues amateurs seront ravis par la diversité de la faune avicole. De multiples espèces d'oiseaux au chant éclatant et au plumage bigarré peuplent les régions de plaine et de montagne. De nombreuses variétés d'espèces tropicales cohabitent avec les oiseaux migrateurs qui viennent passer l'hiver dans les îles. Les parcs nationaux en protègent un certain nombre, comme des espèces de colibris, plus connus sous le nom d'oiseaux-mouches (*zumbador*).

La cotica, le perroquet dominicain

Perroquet dominicain célèbre pour son plumage vert.

La cotica, ou Amazona ventralis, *est un petit oiseau qui mesure de 28 cm à 31 cm de long et possède un plumage vert brillant appelé en créole* cotorra verde. *Son front est blanc et ses joues sont piquetées de taches noires. Son ventre est rouge et sa queue parsemée de quelques plumes également rouges. Habitant les forêts, et d'une manière générale les endroits riches en fruits, il fait son nid dans les troncs secs et pond trois à cinq œufs blancs. Pendant la nidification, il se révèle très courageux et défend jalousement son territoire. La cotica a une capacité étonnante à reproduire le langage humain, au point d'être devenu la mascotte nationale. Peu farouche, il se domestique très facilement, et on le retrouve en cage dans les jardins des particuliers et des hôtels. Derrière ses grilles, il joue un rôle d'animal familier charmant et décoratif. Son succès a bien failli causer sa perte et l'extinction de l'espèce qui est aujourd'hui (enfin) protégée.*

Leurs battements d'ailes sont si rapides qu'ils peuvent voler sur place. Les amateurs observeront les rossignols, les perruches ventralis, les cigognes palmières, les colombes, les todiers à bec étroit (*barrancolí*), les buses à queue rousse (*guaraguao*), le tyran quiquivi (*flautero*), les pélicans et les échassiers (hérons, ibis et flamants principalement). Les entomologistes, eux non plus, ne seront pas déçus. En effet, les papillons et les insectes abondent dans les montagnes comme dans les vallées.

Les récifs coralliens

Ils abritent de nombreuses variétés de poissons tropicaux, tous plus colorés et plus étonnants les uns que les autres, aux formes et aux mœurs étranges.
Les rencontres ne manquent pas de diversité. Le poisson-perroquet vert et bleu grignote inlassablement les coraux ; attention à l'épine dorsale coupante du poisson-chirurgien bleu à queue jaune ; le spectaculaire baliste des Caraïbes, aux couleurs somptueuses, change de couleur quand il se sent approché et raffole des oursins ; le poisson-coffre (*Lactophrys triqueter*) est couvert de plaques polygonales, protégé par sa carapace rigide. Le poisson-ballon, ou diodon, aux dents redoutables, se gonfle d'importance en aspirant de l'eau et hérisse ses nageoires quand il se sent menacé, espérant désarçonner ses adversaires. Ne confondez pas le longiligne poisson-trompette avec une algue ondulante. Le poisson-écureuil, qui est rouge, se rencontre dans les cavernes et ouvre de grands yeux noirs qui attestent sa préférence pour les endroits à faible luminosité. Les poissons-anges sont aussi présents, le poisson-ange bleu, vert et jaune, le poisson-ange gris, et le poisson-ange français au corps noir bordé de jaune et irisé de fines rayures appartiennent à la même famille. Le plus beau est le poisson-ange royal, un des plus beaux poissons de récifs, avec sa robe à rayures phosphorescentes. Le poisson-ange (*Holacanthus tricolor*) a une petite bouche extensible

La baleine à bosse s'observe en particulier autour de la péninsule de Samaná.

Le lamantin, un habitant des côtes dominicaines

Autrefois abondante aux embouchures de rivières, l'espèce est aujourd'hui en voie de disparition. Cet énorme mammifère marin herbivore, appelé manati, *vit dans les endroits peu profonds. Adulte, il atteint jusqu'à 3 m et 500 kg. Sans prédateur naturel, il est menacé par la pollution, les filets de pêche, les moteurs de bateaux... La colonisation des côtes dominicaines a pratiquement éradiqué l'espèce dans le pays.*

qui lui permet de se nourrir d'éponges qu'il grignote. Le poisson-bourse jaune se reconnaît à sa silhouette plate en forme de losange. Le poisson-scorpion (*Scorpaena plumieri*), au physique peu amène, hérissé d'épines venimeuses, est difficile à dénicher à cause de son camouflage et de son attitude statique sur le corail.

Côté gros gabarits, les amateurs seront servis, car les plus belles espèces, dont le poids peut dépasser 100 kg, naviguent en eaux profondes. Les dauphins vivent le long des zones côtières et sont les principaux représentants des mammifères marins. Les lamantins, les tortues, les careys, et les baleines à bosse, qui arrivent dans les eaux chaudes de la baie de Samaná pour s'accoupler et se reproduire en hiver, sont des espèces protégées. Les raies, la raie pastenague américaine, la petite raie mouchetée de jaune, la raie manta géante, l'espadon, les dorades ou coryphènes casquées et le barracuda souvent solitaire abondent en eaux profondes. Les nageurs seront rassurés d'apprendre qu'il y a peu de requins, les plongeurs seront fascinés par le spectacle du ballet des marlins bleus, des tortues marines, des mérous et des barracudas. De nombreux crustacés, crabes, langoustes, homards et crevettes, ainsi que des oursins blancs et noirs aux longues épines vivent dans les eaux dominicaines.

Flore

Si la nature dominicaine est opulente, grâce à l'eau abondante des rivières et des précipitations, elle n'est jamais oppressante. On trouve environ 8 000 espèces de plantes, de fleurs et d'arbres en République dominicaine, dont 1 800 espèces endémiques, principalement des orchidées et des palmiers, soit trois fois plus qu'en Europe. Plantes locales, dont la situation insulaire favorise l'apparition, plantes pantropicales, subtropicales et paléotropicales, la nature dominicaine est riche d'une palette de couleurs éclatantes.

➜ **La mangrove** (ou palétuviers) pousse en abondance dans les eaux calmes et basses des lagunes, formant une impénétrable bordure côtière. Situé entre mer et terre, c'est un écosystème particulier où l'on rencontre quatre types d'arbres : les palétuviers rouges, noirs, blancs, et gris. Le palétuvier rouge ou mangle rouge (*Rhizophora mangle*) est l'arbre principal de la mangrove. Ses racines aériennes pendent en arceau des hautes branches ; elles forment un enchevêtrement impénétrable et lui permettent de respirer et de se fixer solidement dans le sol salé, instable et vaseux.

On compte plus de 300 variétés d'orchidées en République dominicaine.

Elle assure la protection des côtes, la purification de l'air et de l'eau, et constitue un refuge pour la faune, lieu privilégié de reproduction et d'alimentation des alevins, des larves des jeunes poissons qui profitent de la richesse en plancton du milieu. Les huîtres de palétuviers, les mollusques, les éponges se développent en colonies sur les racines de la mangle rouge. De nombreux oiseaux vivent dans les palétuviers, à l'abri des prédateurs.

Le bananier

Plus qu'un arbre, le bananier est plutôt un ensemble de feuilles enroulées sur elles-mêmes à la manière d'un grand poireau. Chaque bananier consomme une cinquantaine de litres d'eau par jour. La production suit donc de très près l'arrosage et la pluviométrie. La plante produit en moyenne un régime tous les neuf mois, six par an au maximum si l'année a été particulièrement pluvieuse. Le bananier flétrit après chaque régime et se renouvelle par la pousse de rejets sur sa souche. Un des rejets portera le régime suivant. Au bout de quatre années, la souche dégagée par les rejets successifs devient instable et doit être transplantée, les rejets poussant de plus en plus haut.

→ **Les fleurs tropicales** sont partout présentes. Les orchidées constituent une famille importante de la flore dominicaine, comptant à elles seules plus de 300 variétés aux riches couleurs et aux formes délicates. Beaucoup d'entre elles sont protégées, et seules sont autorisées à l'exportation les orchidées portant un certificat attestant que la variété n'est pas en voie d'extinction. Partout fleurit la bougainvillée connue localement sous le nom de *trinitaria*, fleur nationale et symbole de la guerre de Restauration. Hibiscus et héliconias poussent à l'état sauvage. Anthurium, pomme d'eau, liane orchidée, oiseau de paradis, jasmin, grappes rouges de l'alpinia, vert et jaune des massifs de croton, épis rigides du balisier... Toutes les fleurs tropicales ornementales poussent à foison.

Histoire

Une île indienne

L'histoire de la République dominicaine est d'abord celle d'une île indienne appelée Quisqueya, la mère de toutes les terres. On sait relativement peu de choses sur les habitants originels de l'île. Selon des sources archéologiques, l'île était déjà peuplée il y a 3 000 ans. La population indigène qui vivait dans l'île à l'arrivée des Espagnols était composée de groupes d'aborigènes venus des forêts tropicales du Venezuela et des rives du fleuve Orénoque. Ils sont arrivés dans l'île au cours de plusieurs vagues de migration, entre le VIe et le Xe siècle, chassés de leurs territoires d'origine par les Indiens Caraïbes. Les Taïnos seront appelés Indiens par les Espagnols, convaincus d'être arrivés aux Indes. Cinq *cacicazgos*, ou royaumes taïnos, se partageaient l'île à l'arrivée des Espagnols. Chacun était gouverné par un cacique, le grand chef, qui a le privilège de la polygamie.

Une île européenne et africaine : l'arrivée des conquistadores

Christophe Colomb découvre l'île le 6 décembre 1492, au cours du premier de ses quatre voyages. Il a déjà accosté dans les îles de San Salvador et de Cuba, mais sans y avoir établi de colonie. Il débarque sur la côte nord de l'île de Quisqueya. L'accueil des indigènes, sans être franchement hostile, est plutôt réservé. Christophe Colomb prend possession de l'île au nom des souverains espagnols et la baptise Espagnola. Espagnola, appelée plus tard Hispaniola, apparaît rapidement comme l'endroit idéal pour établir la première colonie espagnole, d'autant plus qu'au dire des indigènes l'or abonde dans l'île.

Les débris de la *Santa María* naufragée serviront à construire sur la côte nord le premier fort, baptisé fort de la Nativité. En repartant pour l'Espagne pour rendre compte aux souverains espagnols de ses découvertes, Christophe Colomb laissera trente-neuf hommes au fort de la Nativité sous le commandement de Diego de Arana. Dix mois plus tard, le 22 novembre 1493, il est de retour. Le Grand Amiral ne trouve plus aucune trace de ses hommes autour du fort dévasté. Des expéditions de représailles sont alors lancées contre les Indiens. Le processus de dépeuplement de l'île a commencé.

Les premiers pas de la colonie

L'exploitation intensive des mines d'or démarre avec une main-d'œuvre indienne réduite en esclavage. Entre-temps, on a abandonné La Isabela au profit de La Nueva Isabela, fondée en 1496 à l'embouchure du fleuve Ozama par Bartolomeo Colomb, frère cadet de Christophe Colomb. En 1502, la ville est anéantie par un cyclone. Santo Domingo de Guzmán voit alors le jour sur la rive est du même fleuve. Jalousé, critiqué pour son administration, Christophe Colomb perd peu à peu de son crédit auprès des Rois Catholiques.

Nicolas de Ovando, grand commandeur de l'ordre d'Alcantara, est le nouveau gouverneur que choisissent Ferdinand et Isabelle pour un mandat de deux années. Le 15 avril 1501, il arrive dans l'île au port de Saint-Domingue. Sous sa direction, la nouvelle capitale va se développer rapidement. Il en est l'architecte. L'île devient le centre du pouvoir espagnol, le cœur du nouvel empire où sont prises toutes les décisions concernant l'exploration du Nouveau Monde.

Le déclin de la colonie espagnole et la domination française

Les intérêts économiques et politiques se déplacent vers le continent américain. L'or est finalement trop rare à Hispaniola et les gisements se tarissent. L'île se vide alors progressivement. Les colons qui restent se tournent vers l'élevage bovin et porcin et cultivent la canne à sucre qui pousse comme de la mauvaise herbe tant le climat est chaud et humide. C'est alors que la concurrence d'autres colonies se fait rude. Les nouveaux territoires américains, comme le Brésil, sont riches et deviennent vite de gros producteurs de sucre. L'exode des colons de l'île s'accentue. Hispaniola n'est bientôt plus qu'une escale sur la route de territoires plus prospères. Les Français débarquent sur l'île de la Tortue à quelques encablures de la côte nord, et sur toute la partie ouest de Saint-Domingue, à partir de 1655. Le traité de Ryswick officialise son contrôle de la partie occidentale de l'île, qui devient la colonie française de Saint-Domingue. La partie orientale de l'île reste possession espagnole sous le nom de Audienca Española de Santo Domingo. L'histoire de l'île va être désormais liée à celle de la Révolution française et 1791 marque le début de l'insurrection des esclaves dirigée par Toussaint Louverture. En 1801, ce dernier fait adopter une nouvelle constitution, contre l'avis de Napoléon. L'année suivante, Toussaint Louverture, dont le mode de gouvernement est jugé trop autonomiste, est ramené prisonnier à Paris où il mourra un an plus tard. La partie orientale de l'île redevient espagnole. Cependant, la république d'Haïti est proclamée le 1er janvier 1804. Haïti est le premier pays à se libérer du colonialisme. Un ancien esclave, Jean-Jacques Dessaline, en devint l'empereur.

La naissance de la République et les occupations successives

En 1805, les armées haïtiennes envahissent la partie orientale de l'île désormais espagnole. Mais la bataille de Palo Hincado, en 1809, marque la victoire des armées espagnoles, aidées de la marine britannique, sur les Haïtiens. Suit une brève période d'indépendance dans l'histoire dominicaine, connue sous le nom de La España Boba, au cours de laquelle la métropole abandonne progressivement sa colonie. Cette période prend fin avec la déclaration d'indépendance de José Nuñez Caceres, le 4 novembre 1821, et la naissance de l'Etat indépendant d'Haïti espagnol le 10 décembre. Indépendance éphémère, car, en janvier 1822, la jeune République est de nouveau annexée par les troupes haïtiennes du président Jean-Pierre Boyer, qui déclare l'île une et indivisible. Elle restera sous domination haïtienne pendant vingt-deux ans, jusqu'en 1844. A cette date, l'île est définitivement séparée en deux parties. L'indépendance est déclarée à la Porte du Conde, et la partie ouest prend le nom de République dominicaine le 27 février 1844.

L'ère de Trujillo ou trois décennies d'une dictature sanguinaire

Général et chef de l'armée dominicaine, Trujillo évince en 1930 le premier président de la République, librement élu en 1924, Horacio Vásquez. Mégalomane absolu, il établit l'une des dictatures les plus tyranniques et les plus répressives de l'Amérique latine. Peu à peu, toutes les libertés individuelles disparaissent et l'opposition politique est muselée, quand elle n'est pas liquidée. Comme tous les dictateurs, Trujillo entretient le culte de sa personnalité. Il fait de l'île sa propriété privée, la parsème de deux mille statues à sa gloire et rebaptise la capitale Ciudad Trujillo. Cependant, le bilan ne sera pas complètement négatif. Le commerce extérieur étant florissant, la dette extérieure américaine est remboursée, tandis qu'une première vague de grands travaux (barrages et routes) améliore notablement les infrastructures du pays. Mais ce n'est pas suffisant pour faire taire les voix internationales et dominicaines qui s'élèvent contre lui. En août 1960, Joaquín Balaguer, ancien secrétaire d'Etat, remplace Hector Trujillo, le frère du dictateur, à la présidence de la République.

À la recherche de la démocratie

Le 24 avril 1965, alors qu'un soulèvement de masse désorganise les milieux gouvernementaux, une armée populaire bat l'armée de Wessin y Wessin, qui demande l'aide des Etats-Unis. Ceux-ci décident d'intervenir, échaudés par l'exemple cubain et la menace communiste qui se profile. La dernière intervention américaine a lieu fin mai 1965. 40 000 soldats occupent l'île sous prétexte de protéger leurs ressortissants.

© AUTHOR'S IMAGE

Calle Hostos dans la zone coloniale de Santo Domingo.

D'avril à septembre 1965, le pays va connaître sept gouvernements successifs avant que les Etats-Unis n'y imposent le gouvernement provisoire du président Hector Garcia Godoy. En 1966, les élections ramènent au pouvoir Joaquín Balaguer. Il y restera jusqu'en 1978, prônant une politique pro-américaine, anticommuniste, autoritaire et répressive, ayant pour but de revitaliser l'économie. Les Etats-Unis reprennent leur double rôle de banquier et de tuteur politique. Différents présidents se succèdent : Antonio Guzmán, Salvador José Blanco… et Balaguer qui revient au pouvoir en 1986. Son programme politique peut se résumer ainsi : austérité budgétaire, réduction des dépenses publiques, autofinancement, développement des grands travaux et des secteurs prioritaires comme l'agriculture, la construction, les zones franches industrielles et le tourisme. En 1996, le nouveau président Leonel Fernandez, alors âgé de 43 ans, est issu du parti de Juan Bosch, ancien opposant de Balaguer. Ce jeune avocat, fils spirituel de l'un des leaders politiques les plus respectés du pays, a donné un nouvel élan au pays. Processus de privatisation de pans entiers de l'économie, modernisation des réseaux routiers, des transports, le bilan de l'administration Fernández est tout à fait positif.

© AUTHOR'S IMAGE

Dans une fabrique de cigares à Santiago.

La République dominicaine aujourd'hui

En mai 2008, le président sortant Leonel Fernández a été réélu pour un troisième mandat consécutif avec 54 % des voix. Son principal rival, Miguel Vargas, magnat de la construction et ancien ministre des Travaux publics, a été crédité de 40 % des voix. Le président réélu a promis de poursuivre les mesures qui, selon ses dires, ont sorti l'économie dominicaine de la crise. Ce troisième mandat fait de Leonel Fernández le chef d'Etat de République dominicaine le plus longtemps en poste depuis Joaquin Balaguer, au pouvoir pendant plusieurs dizaines d'années grâce à des méthodes autocratiques, jusqu'à ce que le Congrès du pays interdise en 1994 les mandats renouvelables. Cependant, la Constitution a été amendée en 2002, levant cette interdiction... Le séisme de janvier 2010 survenu en Haïti laisse penser qu'un rapprochement entre les deux parties de l'île est possible, notamment en matière d'aide et de coopération, alors que les relations des deux pays ont toujours été tendues. Toutefois, les problèmes en matière d'immigration et d'apatrides haïtiens sur le sol dominicain n'ont toujours pas été réglés et sont soigneusement évités alors même qu'une nouvelle vague d'immigration arrive en territoire dominicain.

Population et mode de vie

Population

La population indienne primitive de l'île a disparu dès les premières heures de la colonisation. Colons européens, et surtout espagnols, puis esclaves importés d'Afrique, enfin immigrants asiatiques sont à l'origine de l'actuelle population. Aujourd'hui, la République dominicaine est certainement la plus métissée des Caraïbes. Plus de 75 % des habitants de l'île ont une origine africaine, mais ces racines sont généralement niées par les Dominicains malgré les nombreuses survivances culturelles africaines. Les mulâtres constituent l'essentiel de la population. Ce brassage ethnique s'explique par les deux occupations haïtiennes qu'a dû subir le pays au cours de son histoire. La différenciation sociale, qui résulte le plus souvent des différences raciales, est, par conséquent, moins marquée en République dominicaine que dans les pays voisins. La création d'un système éducatif moderne et le développement économique du pays ont quelque peu gommé les disparités sociales autrefois beaucoup plus marquées. Une classe moyenne importante se constitue, qui représente aujourd'hui le gros de la population. Malgré tout, l'exode rural est important et a favorisé le développement de quartiers pauvres aux abords des plus grandes villes.

De très fortes inégalités subsistent au sein de la population : alors qu'un dixième seulement de celle-ci jouit de la moitié du revenu du pays, près d'un tiers des Dominicains vivent en dessous du seuil de pauvreté.

Dominicano-Haïtiens ou Haïtiano-Dominicains ?

Nul ne sait très bien combien d'Haïtiens résident en République dominicaine. Les constants désordres politiques et sociaux ont généré une immigration haïtienne importante et incontrôlée à travers les frontières poreuses qui séparent les deux pays. Et depuis le séisme de janvier 2010, l'immigration, bien que contenue, a encore augmenté depuis Haïti. Les Haïtiens constituent aussi pour leur plus riche voisine une main-d'œuvre bon marché qui ne demande qu'à passer la frontière. En vertu d'accords entre les deux pays, coupeurs de canne et ouvriers agricoles haïtiens envahissent les grandes exploitations à l'heure de la récolte, mais ne repartent pas à la fin de la zafra. Ils s'établissent et leurs enfants naissent sur le territoire dominicain, d'où la difficulté pour les autorités de les renvoyer sur leur moitié d'île. On ne peut plus désormais ignorer cette population dont les plus jeunes, nés en territoire dominicain, se retrouvent privés de nationalité.

L'héritage linguistique taino

Nous utilisons toujours de nombreux vocables hérités de la langue précolombienne, tant en espagnol qu'en français. Quelques exemples parmi tant d'autres : barbacoa *(barbecue)*, canoa *(canoë)*, carey *(tortues careyes)*, huracan *(ouragan)*, iguana *(iguane)*, hamaca *(hamac)*, lambi, maiz *(maïs)*, tabaco *(tabac)*, tiburon *(requin)...*

Par ailleurs de nombreux habitants des zones rurales ne disposent pas encore d'accès à l'eau. Il existe une diaspora dominicaine d'environ 3 millions de personnes dont deux tiers vivent aux Etats-Unis, et le tiers restant à Porto Rico, dans les Antilles et, dans une moindre mesure, en Europe, principalement en Espagne.

Mode de vie

La famille

La famille dominicaine est une notion qui s'interprète au sens large. Elle est en général recomposée, nombreuse et à ramifications multiples, car les divorces et les remariages sont monnaie courante. Mariés très jeunes, les Dominicains ont en général beaucoup d'enfants. La contraception est peu pratiquée et les enfants naturels sont nombreux.

Une femme à quinze ans

Comme dans toute l'Amérique latine, les quinze ans d'une jeune fille constituent une fête familiale, quasiment une initiation à laquelle toute enfant se prépare dès son jeune âge. Cette tradition est héritée des célébrations rituelles indiennes de la puberté qui marquaient les responsabilités maternelles pour la jeune fille et guerrière pour le garçon. Pourtant, la tradition s'est perpétuée pour les seules représentantes du sexe féminin et ne connaît pas d'équivalent pour les garçons. A 15 ans, la jeune Dominicaine fait une entrée fracassante dans la vie adulte au terme d'une fête qui ne manque pas d'éclat. La robe blanche et longue est choisie avec soin, les faire-part envoyés à tout ce que la famille compte de relations, les préparatifs mobilisent la famille de longs mois à l'avance. Une fête religieuse, une messe au cours de laquelle la jeune fille renouvelle en grande pompe son engagement dans la vie chrétienne, est suivie d'une réception mondaine qui a tendance à supplanter la tradition religieuse. Les salons des grands hôtels, les maisons de familles servent d'écrins à une soirée au cours de laquelle la jeune fille est officiellement intronisée dans sa vie de femme. Comme au cours d'un mariage, le père ouvre solennellement le bal avec la *quinceañera* qui est désormais une fille à marier.

La fête au village

La longue tradition des fêtes patronales est toujours vivace dans le pays. Célébrée pour fêter le saint patron du moindre village, chaque fête est différente et affiche des couleurs qui lui sont propres. Les émigrés, ceux qui sont partis à la ville, reviennent en famille pour participer à la liesse collective. Tout d'abord, il y a les messes auxquelles tout un chacun se doit d'être présent.

Rythmes et couleurs au carnaval de Santiago.

Église de Mercedes à Santo Domingo.

Concerts des orphéons municipaux, bals populaires, kiosques de boissons sponsorisés par les grandes marques d'alcools locaux où bière et rhum coulent à flots, orchestres de *mérengué* et de *bachata* déchaînés, manèges forains pour les plus petits, combats de coqs où l'on pariera plus que de coutume, feux d'artifice et pétards, le programme des festivités païennes est copieux et chacun s'y amuse de bon cœur.

Religion

La religion catholique est omniprésente depuis la colonisation et l'évangélisation qui s'ensuivit. De tradition catholique espagnole, l'église jouit d'une grande autorité morale. Par l'intermédiaire du cardinal Nicolas de Jesús López Rodriguez, primat d'Amérique et archevêque métropolitain de Saint-Domingue, elle intervient dans le domaine politique en organisant le dialogue entre les partis et les divers partenaires sociaux et économiques. Par ailleurs, comme dans toutes les Caraïbes, d'innombrables églises se côtoient, parfois des plus fantaisistes, issues des églises et des sectes protestantes nord-américaines. Les églises adventistes, évangéliques, pentecôtistes et autres, sont très nombreuses et les cultes les plus invraisemblables cohabitent dans la plus grande tolérance. On dénombre ainsi plus d'une trentaine d'églises ou de sectes, d'obédience différente, aux noms bien souvent folkloriques. La religion n'a pas échappé au syncrétisme inévitable avec les traditions indigènes et africaines. Les origines africaines de la population et l'influence haïtienne ont maintenu vivaces les rites du vaudou, hérités de lointaines pratiques du Bénin. Ces pratiques coexistent avec la religion catholique et sont particulièrement présentes dans la région de Samaná.

Le vaudou

Dès le XVIe siècle, la déportation vers le Nouveau Monde de millions d'esclaves noirs a entraîné la reconstitution, avec certaines transformations, dans les Amériques, de croyances et de pratiques africaines. Sous des formes et des appellations diverses, le syncrétisme de religions et de rites africains des diverses tribus déportées a donné naissance aux religions afro-caraïbes, le *candombe* au Brésil, la *santería* à Cuba, l'*obeayisme* en Jamaïque, le *shango cult* à Trinidad et le vaudou dans l'île d'Hispaniola. Malgré toutes les persécutions, pendaisons, emprisonnements, punitions par le fouet, le vaudou a survécu au passage des siècles pour rester très actif dans l'île, en particulier en Haïti. Le vaudou est toujours pratiqué en République dominicaine parmi les populations d'origine noire, dont beaucoup ont fait souche dans la région de Samaná.

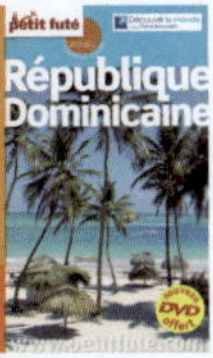

Arts et culture

Artisanat

L'artisanat dominicain est bien développé, à tel point que ses marchés fleurissent dans tous les lieux touristiques. Les bijoux sont particulièrement présents, car le pays possède deux pierres très spécifiques, le larimar, pierre endémique du pays, et l'ambre, qui ont permis aux artisans de développer toutes sortes de créations. Le corail noir, dont l'exploitation n'est pas encore réglementée, est également beaucoup travaillé, ainsi que la coquille rose du lambi. La vannerie, jonc et palmier avec tressage de chapeaux, de corbeilles et de paniers, perpétue des traditions artisanales anciennes. La poterie et la céramique sont, elles aussi, très présentes.

→ **Parmi les objets représentatifs de la culture locale,** les poupées Limé, figurines de céramique au visage sans traits symbolisant le métissage du pays et portant des vêtements traditionnels, sont originaires de Moca et de Santiago. Les poteries décoratives (vases, luminaires) sont aussi très prisées quoique lourdes à rapporter ! Le bois est sculpté pour donner des pilons (sud-est de la capitale), des ustensiles de cuisine ou des sculptures de style afro-caribéen. L'acajou est beaucoup utilisé, mais, les essences rares étant protégées, cette activité artisanale est moins productive qu'elle ne l'est en Haïti.

→ **La peinture** est également très présente sur tous les marchés artisanaux. Plus que d'œuvres d'art, il faut ici parler d'artisanat, car il s'agit de peintures de la rue exécutées en grand nombre. Son inspiration est naïve, d'origine haïtienne.

L'ambre, un cadeau du temps

De formation totalement naturelle, cette résine végétale fossilisée est le témoin des transformations et des mutations qu'a connues la Terre sur plusieurs dizaines de millions d'années. La résine se forme comme une protection naturelle de l'arbre contre les divers oiseaux et les insectes. Mélasse collante qui sort du tronc et des branches, elle entraîne dans son écoulement toutes les matières qu'elle rencontre, végétales ou animales, plantes et insectes.

Les mines d'ambre sont légion en République dominicaine.

La résine durcit au contact de l'air. Enfermée sous les montagnes par les mouvements terrestres, cette mélasse est transformée lentement en pierre par le temps et les couches sédimentaires accumulées. Le caroubier, *algarrobo* (*Hymenaea*), localement appelé « arbre du mariage » à cause de ses feuilles jumelles qui se séparent le jour pour se réunir la nuit, et le pin ont été les seuls arbres à sécréter l'ambre. Il semblerait que l'âge de l'ambre varie beaucoup en fonction de la région et de la profondeur de ses dépôts. Les réserves dominicaines d'ambre sont si importantes qu'on en extrait plusieurs milliers de tonnes par an. L'ambre dominicain est extrait de deux types de mines. Les mines de surface aux galeries horizontales se situent dans la cordillère septentrionale, entre les villes de Santiago et de Puerto Plata. Les mines profondes aux galeries verticales se trouvent dans la cordillère orientale, dans la vallée de Hato Mayor et de Bayaguana. Certaines mines s'enfoncent jusqu'à plus de 200 m de profondeur. L'extraction de l'ambre est un travail manuel peu mécanisé, dur et traditionnel, qui s'effectue souvent dans une atmosphère chaude et très humide.

Carnaval

¡ *En el carnaval todo es alegria* ! Comme dans toutes les îles des Caraïbes, le carnaval est une fête populaire très mobilisatrice en République dominicaine. L'origine du carnaval remonte aux fêtes saturnales de l'Empire romain. La célébration du carnaval date de la conquête espagnole, époque où les colonisateurs l'importèrent en Amérique. Le premier carnaval dominicain a été célébré en février 1520 à la Vega Vieja, en l'honneur de Bartolomeo de las Casas, qui visitait la région. Les habitants se déguisèrent en Maures et en chrétiens pour les célébrations. A l'origine, les deux périodes de sa célébration correspondaient aux jours précédents le Carême et le solstice d'été. Dès 1795, des carnavals étaient célébrés à Santiago pour la fête de saint Jacques apôtre, pour *Corpus Cristi*. Les dates du carnaval coïncident avec l'anniversaire du jour de l'Indépendance nationale, le 27 février, et celui de la restauration de la République, le 16 août. Le carnaval est avant tout une fête populaire où l'improvisation collective joue un grand rôle. Toutes les classes de la société y participent.

Quelques figures du carnaval dominicain

➜ ***Le roi Calife :*** *c'est un poète vêtu d'un frac et d'un chapeau noir. Il critique en vers les hommes politiques et les personnages publics. Il démarre le grand défilé officiel du carnaval.*

➜ ***Les diables cornus :*** *ils sont l'emblème du carnaval et l'âme de la fête. Selon la légende populaire, ils représentent les esprits du mal. Ils portent des masques, avec de grandes cornes, et d'énormes dents pointues ; ils poursuivent le public en le frappant symboliquement avec des vessies de vaches.*

➜ ***Roba La Poule :*** *c'est un homme déguisé en femme arborant une poitrine démesurée. Il représente une poule quémandant de la nourriture pour ses petits. Pendant le défilé, il demande des confiseries au public.*

© MINISTÈRE DU TOURISME DE LA RÉPUBLIQUE DOMINICAINE

Jour de carnaval.

L'atmosphère de fête qui règne en permanence dans tout le pays y trouve son apothéose. Les masques et les costumes rappellent les traditions et les coutumes du passé, un passé aux racines africaines et espagnoles dont les différences culturelles se reflètent dans les groupes, ou *comparsas*, qui défilent devant vous.

Cinéma

Le cinéma fait son entrée en République dominicaine en août 1900 dans la ville de Puerto Plata. C'est dans le théâtre Curiel que les films des frères Lumière furent montrés, grâce à l'industriel Francesco Grecco qui en faisait la démonstration dans les Caraïbes. Dans la préhistoire cinématographique du cinéma dominicain, les travaux du photographe et éditeur Francisco Palau font date. En 1922, il tourne avec Tuto Baez et Juan Fonseca la première fiction dominicaine *La Légende de la Vierge de la Altgracia* selon un scénario de l'historien Bernardo Pichardo qui est sorti le 16 février 1923. Suivra la réalisation d'une comédie *Las embuscadas de Cupidon*, en 1924, qui narre les amours de deux jeunes, contrariés par le père de la jeune fille. Le son fut utilisé pour la première fois en 1930 pour un film d'actualité concernant le dictateur Trujillo. Pendant les trente années que durera la dictature, le cinéma est utilisé à des fins de propagande idéologique. C'est seulement en 1953 que le cinéaste Rafael Augusto Sanchez Sanlley (Pupito), produit treize documentaires avec la compagnie Cine dominicano. En 1963, le dramaturge Franklin Domínguez tourne son long-métrage *La Silla* qui dénonce les horreurs de la dictature de Trujillo. En 1967, Max Pou et Eduardo Palmer réalisent deux documentaires : *El Esfuerzo de un pueblo* et *Nuestra historia*.

De nombreux documentaires suivront jusqu'à la réalisation de *Un pasaje de ida*, en 1988, et surtout *Nueba Yol*, en 1995, qui fit grand bruit. Les films récents de la production dominicaine se suivent : *Para vivir o morir* (1996),

Cuatro hombres y un ataúd (1997), *Nueba Yol 3, Perico ripiao* (2003), *Exito por intercambio* (2003), *Negocios son negocios* (2004), *La cárcel de La Victoria* (2004), *Los locos también piensan* (2005), *La maldición del padre Cardona* (2005), et *Un macho de mujer* (2006). *Andrea*, sorti en 2005, est un film d'horreur qui a gagné le prix du public au festival du film indépendant de New York. C'est un film mystérieux basé sur une histoire vraie qui s'est déroulée à Moca, dans le Nord de la République dominicaine.

Une production dominicaine qui a fait fureur : il s'agit de *Sanky Panky*, du réalisateur José Enrique Pintor Pinky. Ce film, qui retrace les tribulations de jeunes Dominicains en quête de faveurs des touristes étrangères, a battu tous les records de fréquentation à sa sortie en début d'année 2007. Depuis, les productions locales n'ont pas eu de si bonnes retombées.

Un film sur l'ère Trujillo et le tragique destin des sœurs Miraval a été également tourné en République dominicaine, il se nomme *Tropico de Sangre* (2009). Il n'est pas encore sorti sur les écrans – ni dominicains, ni américains, ni français – à l'heure où nous écrivons ce carnet. Le rôle principal est tenue par une actrice montante du cinéma hollywoodien, Michelle Rodriguez, dominicano-portoricaine, que l'on a récemment vue sur grand écran dans *Avatar*. Le principal producteur de ce film est un Français, Joan Giacinti. Pour plus de renseignements, se rendre sur le site web du film (www.tropicodesangre.com).

Deux stars dominicaines

→ ***María Montez.*** *La plus grande actrice du pays, Maria Africa Gracia Vidal, est née le 6 juin 1912 à Barahona, dans le Sud de l'île. Elle connut son heure de gloire à Hollywood où elle tourna notamment dans* Les Mille et Une Nuits *en 1942, le film qui la révéla, après avoir endossé des petits rôles dans des films de série B. Son visage et sa plastique parfaite en firent rapidement une des actrices hollywoodiennes les plus convoitées. Parmi les autres prestations de celle qu'on surnomma la reine du Technicolor,* Ali Baba et les quarante voleurs, Ame gitane, La Reine de Cobra, La Reine du Nil, La Sauvage blanche *et* Soudan. *A son actif également, des pièces de théâtre, trois livres et un recueil de poèmes. Mariée à l'acteur français Jean-Pierre Aumont, elle est morte d'un infarctus à 39 ans, le 7 septembre 1951, dans sa résidence parisienne.*

→ ***Porfirio Rubirosa.*** *C'est le premier play-boy professionnel international. Il sévit à Hollywood et dans tous les endroits fréquentés par la jet-set dans les années 1950. Il épousa Danielle Darrieux alors en pleine gloire. Il meurt à Paris dans un accident de course automobile.*

Littérature

La littérature dominicaine se développe à partir du XIXe siècle. Trois courants littéraires marquent la littérature nationale. Le courant indigéniste veut témoigner de l'histoire de la conquête et dénoncer les méfaits des Espagnols vis-à-vis des Indiens Taïnos. En 1880, Manuel de Jesús Galván publie *Eriquillo*, le premier véritable roman dominicain, qui raconte la vie du cacique légendaire qui s'opposa à la colonisation espagnole.

La vie locale, rurale ou urbaine, et les traditions des différentes régions se retrouvent dans le *criollismo*. Enfin, le courant du *postumismo* s'attache à dégager la littérature nationale des influences romantiques européennes, puis à dénoncer les excès de la période de la dictature de Trujillo, avec des auteurs tels Manuel del Cabral, défenseur de la poésie afro-antillaise, et Manuel Rueda. Nombre d'auteurs contemporains font partie de la diaspora dominicaine et se rencontrent, notamment aux Etats-Unis.

Parmi les auteurs les plus connus, citons : Marcio Veloz Maggiolo, Julia Alvarez et Junot Diaz.

Musique

Le *mérengué*

Si la musique a une patrie, c'est bien la République dominicaine ! A l'heure où la vague latine déferle sur la France, la République dominicaine, avec ses rythmes toniques et ondulants, est à la pointe de la mode. La musique

Quatre grands noms des lettres dominicaines

→ ***Juan Bosch*** *est né à La Vega le 30 juin 1909. Politicien, écrivain et ex-président de la République, il a fondé le PRD (Parti révolutionnaire dominicain) en 1939. Pendant son exil de 19 ans à Cuba, il a fait partie de l'armée de libération dominicaine (guérilla), dont l'objectif était d'abattre la dictature de Trujillo. De retour à Saint-Domingue après un exil de 25 années, il remporte les élections présidentielles en 1962. Evincé du pouvoir par un coup d'Etat six mois plus tard, il participe à plusieurs élections présidentielles sans jamais revenir au pouvoir. Sa première œuvre,* Camino Real, *écrite en 1933, dépeint le monde paysan de l'époque dans toute sa violence et sa tyrannie. Il a aussi écrit de nombreux essais politiques dont* Crise de la démocratie en Amérique latine. *Il est décédé en 2001.*

→ ***Manuel del Cabral.*** *Le poète et romancier dominicain est né à Santiago le 7 mars 1907. Célébré par Paul Eluard, il est le défenseur de la poésie afro-antillaise. Son attirance pour la poésie l'écarte des études de droit qu'il abandonne pour devenir libraire dans sa ville. Il publie son premier recueil de poésies en 1921. Ses écrits, très populaires, abordent tous les thèmes existentiels, métaphysiques et érotiques :* Les Anti-temps, *1967,* Le Président noir, *1973… Dans son autobiographie de 1964,* Histoire de ma voix, *il raconte sa vie, ses livres et ses rencontres.*

→ ***Manuel Jesús Galvan.*** *Auteur du* XIXe siècle *(1839-1910), il fut avocat, journaliste, diplomate et politicien. Son roman historique,* Enriquillo, *évoque les premières années de la colonie et la résistance du* cacique *à la colonisation espagnole. Ce roman est l'œuvre majeure du courant indigéniste.*

→ ***José Joaquín Perez*** *(1845-1900). Ecrivain, journaliste, avocat et homme politique, il est surtout connu pour ses poésies qu'il écrivit dès le plus jeune âge. Il est reconnu comme le chantre de la race indigène, sur laquelle il composa de nombreuses poésies. Il publia* Fantasia indigena *en 1877. Il occupa également diverses fonctions ministérielles, et dirigea également les journaux* Eco de la opinion *et* El Porvenir.

fait partie de la vie quotidienne et lui donne son tempo. La musique nationale est le *mérengué*, dont l'origine est encore très controversée. Plus qu'une musique, le *mérengué* est une danse universelle et omniprésente, africaine pour le rythme, espagnole pour les mouvements, créole pour l'esprit. Des bals populaires du moindre hameau de campagne aux discothèques les plus modernes et sophistiquées de la capitale, des campagnes électorales aux animations commerciales, le *mérengué* est partout. Aujourd'hui, les orchestrations du *mérengué* s'enrichissent de nombreux instruments et se digitalisent. La mode est maintenant à un retour du *mérengué* traditionnel, rapide et endiablé. Le *bolomengue*, aux mélodies plus romantiques, est un mélange de boléro et de *mérengué*. La *bachata*, musique et danse populaire rurale au tempo plus marqué, est redevenue à la mode depuis quelques années. De l'autre côté de la frontière, même engouement pour ces rythmes : les Haïtiens ont leur *méringué*, danse identique, mais aux rythmes et aux sonorités parfois plus africanisantes. Les îles voisines possèdent, elles aussi, des danses cousines du *mérengué*, comme la *mangulina de Curaçao*.

La *bachata* ou la *musica del amargue*

Il faut rechercher l'origine de la *bachata* au détour des années 1920, quand le vocable ne désignait pas encore un style musical, mais une réunion festive informelle, dans une cour, à l'ombre d'un grand arbre, ou à un coin de rue. Les premiers documents mentionnant ce terme remontent à 1922 et à 1927. Cette musique autochtone, issue du campo dominicain, a commencé

© MINISTÈRE DU TOURISME DE LA RÉPUBLIQUE DOMINICAINE

La musique rythme la vie des Dominicains.

comme la musique des pauvres. Le groupe typique (*conjunto de bachata*) se compose de deux guitares, de maracas, remplacées aujourd'hui par la *guira* et d'un bongo. La tonalité générale des chansons est l'amertume (*el amargue*), avec des thèmes comme la trahison amoureuse, le mépris, les souvenirs, les obstacles au bonheur...
À partir des années 1930, la *bachata* intègre les bars et les intérieurs domestiques. La *bachata* émerge dans les années 1960, après la chute de Trujillo, pour être fustigée par les medias et méprisée par la bonne société dominicaine, notamment pour la médiocrité de ses paroles qui ne traitent que de problèmes de couples, de femmes, de sexe et de boisson. Les musiciens de *bachata* sont contraints de trouver leur propre système de production et de distribution.

Ce n'est qu'en 1992 que Juan Luis Guerra popularise la *bachata* avec son album *Bachata Rosa* qui gagne un Grammy Award dans la catégorie des rythmes tropicaux, suivi par Anthony Santos dont la chanson *Voy pa'lla* connut l'année suivante un succès sans précédent pour ce genre musical. Depuis, la *bachata* a fait son chemin jusqu'en haut des charts internationaux et le groupe Aventura a obtenu la consécration internationale au printemps 2004 avec son album *Love and Hate*, cassant le concept de la *bachata*, en y introduisant le *spanglish*.

Peinture

La peinture haïtienne reste l'une des plus originales et des plus riches du Nouveau Monde. L'histoire de la peinture dans l'île remonte aux premiers jours de la colonie, quand les expatriés voulurent décorer leurs demeures de portraits et de peintures décoratives. Les plus riches rapportaient des tableaux d'Europe, ou faisaient venir des peintres occidentaux sur place. Solidement ancrée dans la tradition culturelle populaire de l'île, la peinture, plus qu'un art, est un véritable art de vivre dans l'île Hispaniola. Echappant à l'emprise des galeries, elle envahit les rues, les étals des boutiques artisanales, déployant ses couleurs éclatantes et sa fantasmagorie naïve en de véritables haies d'honneur dans le moindre site touristique. Dans les demeures bourgeoises, comme dans les cases créoles les plus modestes, les murs s'égayent de tableaux aux thématiques variées, et une maison ne serait pas tout à fait dominicaine sans peinture. Le pays compte quelques maîtres parmi les plus respectés de l'Amérique latine. De tous, Candido Bido est sans doute le plus populaire et celui dont l'œuvre naïve, créole et colorée, est la mieux connue hors des frontières du pays. La jeune école compte aussi des talents qui, ayant pris leurs distances avec une tradition picturale quelque peu galvaudée, ont affirmé des styles bien personnels. Cette peinture-là demeure bien sûr le privilège de quelques-uns et son lieu de prédilection reste la traditionnelle galerie d'art.

Quant à la peinture de la rue, celle que l'on trouve partout dans les sites touristiques et qui s'offre aux visiteurs pour des sommes parfois dérisoires, elle est héritée de la tradition naïve haïtienne. Elle en reprend les thèmes (marché, vie quotidienne, scènes villageoises, animaux...), la facture naïve et les tonalités vives. Elle n'est pas réalisée par de véritables artistes, mais par des artisans habiles qui reproduisent à l'infini le même tableau. Sans mériter le statut d'œuvre d'art, le tableau n'en reste pas moins un témoignage typique et original de l'artisanat local.

La peinture est un véritable art de vivre.

Cuisine dominicaine

Le régime dominicain a su décliner les bienfaits d'une nature particulièrement généreuse dans une cuisine riche aux multiples influences. Espagne, France, Afrique et Amérique latine s'entremêlent pour donner une gastronomie originale aux saveurs diverses. Colorée, pleine de vie, exotique, savoureuse, mais peu épicée, la cuisine dominicaine reste une cuisine traditionnelle et rustique. Moins sophistiquée que celle de ses voisines des Caraïbes françaises ou anglaises, elle n'en est pas moins riche de spécialités affirmées, souvent voisines de celles des îles voisines de Cuba et de Porto Rico.

Un potager bien garni

La nature a toujours été prodigue avec les îles antillaises. De très nombreux légumes, courants sous nos latitudes, sont originaires de cette partie du monde, comme les pommes de terre, le maïs ou le manioc. D'autres ont été importés au cours des grands voyages de découverte, dès les premiers pas de la colonisation, et se sont parfaitement acclimatés, tel l'arbre à pain et ses fruits très nourrissants rapportés des îles du Pacifique. Les bananes plantains sont l'une des grandes vedettes de la cuisine dominicaine et, accommodées en *tostones* (rondelles aplaties et frites à l'huile), elles accompagnent tous les plats de viande. Le riz, aliment de base largement produit sur place, tient une place de choix dans le régime dominicain. Préparé avec des haricots rouges ou noirs, en sauce, il accompagne presque toujours le plat principal, de viande ou de poisson. Il est bien difficile de dresser un panorama exhaustif du potager dominicain. Avocats, patates douces, gombos verts et tendres, aubergines, poivrons verts ou rouges, haricots verts, rouges ou noirs, cristophines – les chayotes provençales – giraumons, potirons, tomates, oignons, le moins que l'on puisse dire, c'est que la palette des légumes n'engendre pas la monotonie culinaire et dépayse agréablement le palais.

© SIR PENGALLAN - ICONOTEC

La République dominicaine cultive ses propres ananas.

Le paradis des fruits

À son arrivée dans les îles Caraïbes, Christophe Colomb n'y découvre que peu de fruits indigènes, tels l'ananas et la goyave.

© MINISTÈRE DU TOURISME DE LA RÉPUBLIQUE DOMINICAINE

Repas typique qui mêle des influences multiples.

Très vite, les échanges commerciaux avec les autres régions du monde, Afrique, Asie et Pacifique, vont permettre l'introduction de nouvelles espèces qui s'adapteront merveilleusement à leur terre d'asile. Ainsi, le citron et la canne à sucre sont-ils originaires d'Asie, la mangue, des Indes, et la noix de coco, de Malaisie. Tous les fruits exotiques les plus incroyables, connus et méconnus, aux parfums et aux saveurs riches et subtils, sont au rendez-vous des marchés dominicains.

Une cuisine épicée, mais peu relevée

Si l'île est riche en épices aux saveurs multiples, franches ou nuancées, la cuisine dominicaine en fait toutefois un usage modéré, à l'inverse des îles voisines des Antilles. Les petits stands de rue proposent des étals riches en couleurs et en promesses de saveurs. Cannelle, muscade, girofle, poivre et laurier font la joie des cuisiniers créatifs et des palais curieux, et se retrouvent généreusement utilisés dans la cuisine des chefs… étrangers ! En revanche, les épices sont largement exploitées en décoction pour relever les alcools (essayer la populaire *mamajuana*) et soulager maux physiques et bobos de l'âme. Seules deux épices, peu connues comme telles, le café et le cacao, ont la faveur des Dominicains et font l'objet d'une exploitation agricole sérieuse. Leur production, dont il faut souligner la qualité, est majoritairement exportée en Europe.

Les tables dominicaines

Le développement touristique a popularisé une cuisine internationale inévitable et les meilleures enseignes de fast-food à l'américaine sont largement présentes. Néanmoins, il existe une nomenclature précise qui permet de répertorier la table dominicaine en dehors des restaurants classiques.

- **Les *pica-pollo* :** ces petites échoppes proposent une restauration rapide et fruste (assiettes en carton, pas de couverts), à base de poulet frit et de *tostones* (rondelles de banane plantain frites).

- **Les *frituras* :** petits stands à déconseiller aux inquiets du cholestérol. Les viandes ou les poissons sont frits dans de l'huile souvent très indigeste.

- **Les *comedores* :** restaurants locaux où la nourriture traditionnelle, en général préparée à l'avance, est présentée dans des vitrines. Ils affichent complet à midi et sont souvent en rupture de stock passé l'heure de la pause déjeuner des entreprises.

- **Les *colmados* :** ces épiceries proposent des boissons, des sandwichs et des gâteaux à consommer sur place, parmi les joueurs de dominos ou les spectateurs des retransmissions des matchs de base-ball. Ils sont très fréquentés aussi à l'heure des *telenovelas*.

- **Les *paradas* :** ces restaurants-buvettes sont situés le long des routes principales. En général équipée d'une aire de stationnement importante, la *parada* est le lieu des pauses des autobus au cours des longs trajets. La cuisine y est préparée à l'avance et la *parada* fonctionne comme un self-service.

Alcools

Trois marques se disputent âprement le marché du rhum : Brugal, Barcelo et Bermudez. D'après les connaisseurs, il existe des différences entre ces trois marques. Lesquelles ? A vous de juger. Le rhum se décline en plusieurs tons : brun classique et fort en goût, *añejo* vieilli en fût et à consommer sec, blanc sec et léger, idéal pour préparer toute la palette des cocktails exotiques parmi les plus simples – *cuba-libre* (rhum allongé de cola) ou *santo-libre*, rhum additionné de limonade avec une rondelle de citron vert et beaucoup de glace. Tous les cocktails à base de rhum – rhum punch, banana-mama, planteur, daiquiri... – feront votre bonheur, même si le plus célèbre reste la piña-colada.

Tout comme le rhum, la bière est une institution. Elle se boit bien fraîche, parfois glacée. Les marques nationales sont Quisqueya, Bohemia et Presidente, cette dernière tenant sans conteste le haut du pavé. Vous la trouverez partout, et sous deux formes : la *pequeña* est l'équivalent de notre format 25 cl, la *grande* correspond à 50 cl. Quant à la Heineken, très fréquente elle aussi, elle est fabriquée sous licence et a un goût sensiblement différent de celui que nous connaissons.

Côté vins, il n'y a pas de production vinicole locale. En revanche, on trouve de bons vins chiliens, argentins, italiens, français et espagnols.

© SIR PENGALLAN - ICONOTEC

Rhum de bienvenue !

Jeux, loisirs et sports

© SIR PENGALLAN - ICONOTEC

Activité très prisée en République dominicaine : la planche à voile, ici dans les eaux de Cabarete.

Base-ball

Appelé localement *beisbol*, et importé des Etats-Unis au XIXe siècle, c'est le sport qui mobilise la jeunesse dominicaine. Tous les villages ont leur *play*, le terrain de base-ball. De nombreux Dominicains jouent dans les clubs des grandes ligues américaines et comptent parmi les meilleurs représentants de ce sport. Les championnats nationaux ont lieu entre octobre et janvier.

Dominos

Sans conteste le passe-temps préféré des Dominicains. Pour jouer à la dominicaine, il faut s'entraîner à tenir tous les dominos verticalement dans une seule main, et à faire claquer très fort sur la table la pièce que l'on abat. On joue dans la rue, dans les bars, dans les *colmados*. Les enjeux sont souvent importants et les parties interminables.

Combats de coq

Honneur, force virile et machisme sont les valeurs exaltées par le combat de coqs. Véritable institution, la *gallera* possède ses règles de conduite, son éthique, ses rites, ses héros de légende et son argot, sans oublier ses chroniqueurs qui lui consacrent une rubrique dans les quotidiens. Le *gallero*, propriétaire, éleveur et entraîneur de coqs est le personnage central. Le coq de combat, le *criollo*, a un aspect arrogant et belliqueux : tête moyenne, œil menaçant, crête rouge, bec fort et recourbé, corps et ailes longues, plumes abondantes, ergots développés, il pèse entre 2,5 et 4 livres. La lutte sanglante s'engage, sous les cris survoltés des spectateurs presque exclusivement masculins. Les blessures portent des noms selon leur nature : le *golpe de vaca* (coup de vache) est profond et mortel, le *bolsón* est une blessure décisive de l'artère jugulaire, la *canillera* atteint les pieds ou les pattes et provoque une hémorragie, le *golpe de sangre* (coup de sang) affecte le poumon, l'*ojo de tomate* (œil de tomate) est un coup dans l'œil, l'*espanto* fait voler la victime. Atteint d'un *bastón*, le coq ne peut plus soutenir sa tête, et quand il est *tumbado*, il ne peut plus maintenir son équilibre. Le combat ne prendra fin qu'au bout de 15 minutes ou en cas d'abandon ou de mort d'un des adversaires.

Enfants du pays

Arts plastiques

Domingo Batista

Photographe né en 1946 à Santiago de Los Caballeros, il commence sa carrière de photographe avec le groupe photographique Jueves 68. Il a réalisé de nombreuses expositions, dont *L'écriture de la lumière* en 1980, et participe à de nombreuses expositions de groupe en Europe. Son propos est de montrer les changements et l'harmonie de la nature et il se définit comme un poète photographe. Coauteur de livres (*El color del camino* et *Color dominicano*), il participe également à des réalisations audiovisuelles. Son œuvre a été récompensée par de nombreuses distinctions, telles que le premier prix décerné par *American photo magazine* pour sa photo *Pêcheur dominicain*.

Cándido Bid

Peintre né en 1936 à Bonao, où son père exerçait le métier de cordonnier. A la mort de son père, en 1948, il quitte l'école et gagne sa vie comme cireur de chaussures. Admis à l'école des Beaux-Arts de Saint-Domingue, il y devient professeur en 1962. Il réalise de très nombreuses expositions dans divers musées d'Amérique latine (Cuba, Colombie, Panamá), en Espagne (Madrid), en Amérique du Nord (Washington) et au Kenya (Nairobi), il a ouvert à Saint-Domingue sa propre école de peinture, désormais transférée à Bonao, sa ville d'origine. Une galerie expose et vend ses œuvres dans le quartier de Gazcue (Dr Báez n° 6).

José Garcia Cordero

Il est né en 1951 à Santiago de Los Caballeros.

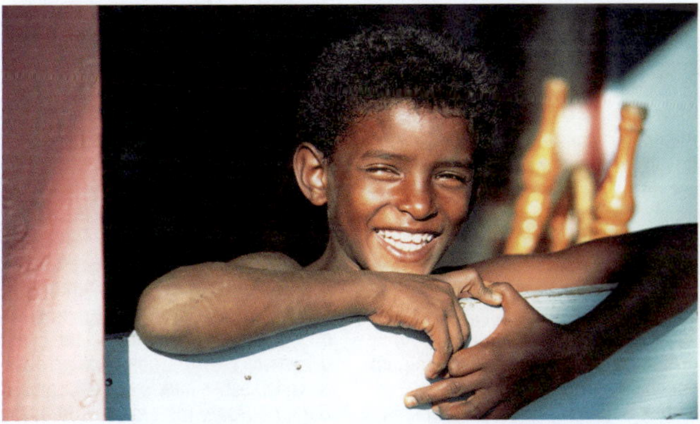

Les Dominicains ont toujours le sourire !

Il vit en France depuis 1977 et se partage entre Paris et Saint-Domingue. Médaille d'or de la première biennale des Caraïbes en 1992, prix national de dessin en 1979, à la biennale de Saint-Domingue, il a reçu le prix de peinture de la ville de Vitry-sur-Seine en 1991. Architecte de formation, il expose régulièrement à Saint-Domingue, à Paris et à Miami. Sa peinture brosse d'une manière surréaliste et ironique, parfois angoissante, les vérités sociales et politiques de son pays.

Littérature

Junot Diaz

Né à Saint-Domingue en 1969, ce jeune écrivain vit à New York. Il est l'auteur d'un recueil de nouvelles (traduit successivement sous le titre *Comment sortir avec une latina, une black, une blonde ou une métisse*, puis *Los boys* – Editions Plon, domaine étranger, 10/18 – qui fit grand bruit lors de sa parution en 1996). Ces nouvelles sont autant de fragments de vie dans les *barrios* de la capitale dominicaine, et à Nueva York, ville de tous les fantasmes. La critique enthousiaste attend son prochain livre.

Marcio Veloz Maggiolo

Reconnu comme le plus grand auteur dominicain contemporain, le romancier est né à Saint-Domingue en 1936. Il a poursuivi des études de lettres, de philosophie, d'histoire, d'anthropologie et d'archéologie. Professeur d'ethnologie et d'anthropologie à l'université autonome de Saint-Domingue, il a également dirigé le musée de l'Homme dominicain. Il est un des principaux spécialistes de la période précolombienne et de l'histoire des Taïnos. Son œuvre se nourrit de la réalité locale et des légendes et mythes qui façonnent l'imaginaire collectif. En 1996, il a reçu le Prix national de littérature pour l'ensemble de son œuvre. Deux de ses romans sont traduits en français, *L'Homme à l'accordéon* (Editions Anne Carrière) et *Vie et mort d'un apprenti sorcier* (Editions Le Griot).

Pedro Mir

Né le 3 juin 1913 à San Pedro de Macorís. Le plus célèbre poète dominicain a tout d'abord fait des études de droit avant de connaître l'exil politique à Cuba, au Mexique et au Guatemala sous la dictature de Trujillo. Il fut ensuite professeur à l'université de Saint Domingue. Sa poésie sociale et patriotique lui a valu d'être nommé poète national par le congrès en 1984. Parmi ses ouvrages poétiques citons *Hay un pais en el mundo, si alguien quiere saber cual es mi patria*. Il est mort à Santo Domingo en 2000.

Musique

Juan Luis Guerra

Né à Saint-Domingue le 7 juin 1957, il est certainement le musicien dominicain le plus respecté de sa génération et le meilleur représentant international du *mérengué*. En tant que compositeur et chanteur, il a donné une dimension internationale au *mérengué* à la tête de son orchestre 4-40. L'album *Mientras mas lo pienso* marque le décollage de sa carrière. Il remporte plusieurs fois consécutivement le *Mérengué del año*, une prestigieuse récompense nationale. Le hit *Ojala que llueva Café* marque le début de la reconnaissance internationale. L'album *Bachata Rosa*, mêlant le rythme du

© MINISTÈRE DU TOURISME DE LA RÉPUBLIQUE DOMINICAINE

Poupées sans visage représentant le mélange des divers patrimoines.

mérengué à celui de la *bachata*, avec ses paroles lourdes de double sens, devient le plus populaire parmi la jeunesse latino-américaine. Il lui vaudra un Grammy Award en 1991. Star sur tout le continent américain, il remplit aujourd'hui les stades espagnols où ses *mérengués* déchaînent les foules. Fortement impliqué dans la vie locale, il a créé une association qui dispense des soins médicaux gratuits à la population démunie. Depuis peu, Juan Luis Guerra a pris quelque distance avec la scène musicale pour des raisons de santé et pour se consacrer à la religion comme en témoigne son album sorti en 2004, *Para Ti*.

Sergio Vargas

Ce chanteur et musicien, né en 1963, est l'une des valeurs sûres du *mérengué*. Son orchestre, où l'on travaille en famille, est l'un des plus célèbres du pays. Il a reçu le titre de *meringuero* de l'année en 1986 et, en 1987, son adaptation de *Je l'aime à mourir* est le grand succès de l'année. Depuis, il produit régulièrement des hits fredonnés par toute l'Amérique.

Johnny Ventura

Ce chanteur de *mérengué* est né en 1949 dans la province de Puerto Plata, dans une famille de musiciens. Il a été surnommé *El Caballo*. Il a largement participé à l'internationalisation de la musique dominicaine et a été récompensé par le gouvernement par de nombreuses distinctions. Ainsi, son orchestre fut le premier groupe hispanique à se présenter au Palais Omnisports de Bercy en France en 1989. Tenté par les responsabilités politiques, il a été maire de Santo Domingo, pour le Parti révolutionnaire dominicain.

Sports

George Bell Mathey

C'est une véritable légende du baseball, détenteur de nombreux records, il a longtemps fait partie de l'équipe des Cachorros de Chicago et a joué durant 12 saisons chez les Toronto Blue Jays. Il est né en 1959 à San Pedro de Macorís et est aujourd'hui retiré du circuit.

Felix Sanchez

Né à New York, le 30 août 1977, de parents dominicains, cet athlète court depuis 1999 sous les couleurs de la République Dominicaine. De 2001 à 2004, il domine sa discipline, le 400 mètres haies. Il est deux fois champion du monde lors des Championnats du monde d'athlétisme de 2001 à Edmonton et des Championnats du monde d'athlétisme de 2003 à Paris, puis médaille d'or aux Jeux olympiques d'été de 2004 à Athènes.

Longue plage bordée de cocotiers à Playa Bavaro.

Santo Domingo

Santo Domingo, mosaïque de races et de cultures, puise sa vitalité dans ses racines indiennes, africaines, espagnoles et françaises, le tout baignant dans une influence nord-américaine. Ici, tout vit au rythme du mérengué*, la musique reine reste la quintessence d'un peuple dont nulle amertume ne semble entamer l'insouciance ni la joie de vivre. Les Latinos s'accordent à dire que la vie nocturne de Santo Domingo est d'essence divine. C'est dire si le goût de la fête y est exacerbé. Toute la nuit, on danse le* mérengué *; le jour, la musique continue de s'échapper en flots indomptables.*

Zone coloniale

Pétri d'âme coloniale, le centre historique de Santo Domingo est, sans conteste, non seulement la partie la plus passionnante de la ville, mais aussi la plus charmante et la plus romantique. Intact et puissant, comme préservé, le souffle du passé émane de chaque recoin, de chaque portail, de chaque place, de chaque carrefour. Témoin de la grandeur impériale de l'Espagne, chacun des édifices de la ville coloniale, qu'il soit modeste ou monumental, permet de prendre la mesure de l'importance capitale de Santo Domingo dans l'histoire du Nouveau Monde. Ses édifices gothiques, nuancés de réminiscences romanes et arabes, sont un témoignage exceptionnel des débuts de la colonisation. Les inspirations baroques marquent les influences de périodes ultérieures.

© AUTHOR'S IMAGE

La zone coloniale de Santo Domingo a su préserver son authenticité.

Calle Las Damas

C'est, dit-on, la plus vieille rue pavée du Nouveau Monde. Elle fut baptisée ainsi parce qu'elle était foulée quotidiennement par les escarpins des dames de la cour de Maria de Toledo, vice-reine de la colonie, nièce du roi d'Espagne et épouse de Diego Colomb, qui succéda à Nicolás de Ovando comme gouverneur général de l'île.

■ ALCAZAR DE COLÓN

Le palais, situé à l'extrémité de l'esplanade, surplombe de son austère façade le fleuve Ozama.

Santo Domingo
plantes
VIEJO ARROYO HONDO
Av. de Los Proceres
LOS JARDINES
Vers Santiago
Av. John F. Kennedy
Aéroport de Herrera
SAN JERONIMO
LAS PRADERAS
LOS RESTAURADOES
Av. Nunez de Caceries
Av. 27 De Febrero
Av. Prolongacion Bolivar
Av. Sarasota
Av. Anacaona
Mirador del Sur
JARDINS DEL SUR
TROPICAL
Av. Georges Washington
ENS. PIANTINI
Av. Winston Churchill
Av. Lope de Vega
SERALLES
MIRADOR NORTE
BELLA VISTA
HONDURAS
ATALA
30 DE MAYO
MATA HAMBRE
LA JULIA
Av. San Martin
Maximo Gomez
LA AGUSTINA
Pedro Livio Ceceno
VILLA JUANA
ENS NACO
Musée de l'Homme dominicain
Musée d'Art moderne
Musée d'Histoire naturelle
Musée d'Histoire et de Géographie
CIUDAD UNIVERSITARIA
Av. Independencia
Paseo Billini
GAZCUE
Av. 27 De Febrero
Palais national
MIRAFLORES
VILLA CONSUELO
Av. Duarte
José Fabrea
24 DE ABRIL
Av. Castellano
MARIA AUXILIADORA
DOMINGO SAVIO
RIO OZAMA
ENS. OZAMA
Pont Juan Pablo Duarte
ZONE COLONIALE
Parque Independencia
Av. de Puerto
Av. Las Americas
VILLA DUARTE
Phare de Colomb
LAS AMERICAS
Av. Faro a Colon
Parque Mirador del Este
Av. Estados Undos
SANS SOUCI
LOS MAMEYES
Av. Espana
Aquarium
LOS MINA SUR
Vincente de Paul
vers le parc national Los Tres Ojos et vers l'aéroport
Vers Boca Chica La Romana
Mer des Caraïbes
0
2 km

Zone coloniale
Avenida México
Calle Duarte
Avenida Mella
Calle Restauración
SAN ANTÓN
Calle Emili
SAN MIGUEL
SAN LÁZARO
Calle Juan Isidro Pérez
Hôpital
Calle Las Mercede
Parque Maria Trinidad Sánchez
Avenida Mella
Calle Arzobispo Merino
Calle General Luperón
Parque Independencia
Calle 19 de Marzo
ZONA
Calle Hostos
Calle El Conde
COLONIAL
Calle Las Mercedes
Parqu Colón
Catea Sta Me la Me
Calle El Conde
C. Sanchez
Calle José Reyes
Calle Arzobispo Nouel
Plaza Fray Bartolomé de las Casas
Plazo de l Cur
Calle Arzobispo Nouel
Iglesia di Nuestra Señora del Carmen
Calle 19 de Marzo
Convento de los Dominicos
Calle Hostos
Calle Arzobispo Merino
Calle Pablo Hincado
Calle Espaillat
Calle Santomé
Calle Sanchez
Calle Padre Billini
Iglesia Regina Angelorum
Calle Arzobispo Portes
Parque Pellerano Castro
Garc
Calle José Gabriel
Paseo Presidente
CIUDAD NUEVA
Calle Arzobispo Portes
Avenida George Washington
Calle José Gabriel Garcia
Mer des Caraïbes

LA ATARAZANA
Vicente C. Duarte
Atarazana
C. La
ejera
Alcázar de Colomb
Porte de San Diego
Río Ozama
Museo de las Casas Reales
Reloj Solar
Panteón Nacional
Calle Las Damas
Plaza Maria de Toledo
Ambassade et consulat de France
Casa de Bastidas
Palacio Borguellá
Calle Isabel la Catclica
Calle Las Damas
Fortaleza de Ozama y Torre del Homenaje
Parque Duarte
Puerto Ozama
LOS MOLINOS
SANS SOUCI
Calle Real
Avenida España
Avenida España
Edifice religieux
Musée
Monument et curiosité
N
0
150 m

Il a été construit entre 1510 et 1514 par Diego Colomb, fils du Grand Amiral, alors vice-roi de la colonie et successeur au poste de gouverneur général de Nicolás de Ovando. Il fallait pour le tout nouveau vice-roi des Indes et sa jeune épouse, Maria de Toledo, nièce du roi d'Espagne, un palais digne de leur rang. La ville de Santo Domingo commençait à prendre forme et les constructions se multipliaient. Pour prendre en charge cette construction monumentale, un architecte est venu tout spécialement d'Espagne. Quelque 1 500 indigènes ont été enrôlés sur ce chantier et ont construit cet édifice à partir de roches coralliennes arrachées aux rives du fleuve Ozama, avec pour seuls outils le marteau, le ciseau et la scie. Prouesse technique, la construction des 22 pièces et des 72 portes et fenêtres de l'Alcazar s'est faite sans un seul clou. L'Alcazar est de forme rectangulaire, imposant, sobre, de style *mujedar* (arabe) et gothique. La façade, ornée d'un palmier à chacune de ses extrémités, est composée de cinq arches sur chacun des deux niveaux. La galerie ouverte du premier niveau est typique des palais des XVe et XVIe siècles. A l'étage supérieur, des tableaux représentent Christophe Colomb et son fils Diego, et les Rois Catholiques, Isabelle la Catholique et Ferdinand. A ce niveau se trouvent les chambres de Maria de Toledo et de Diego Colomb. L'arrière du palais s'ouvre sur un agréable jardin dont la vue plonge directement sur le fleuve.

CASA DE HERNÁN CORTEZ

Plus connue sous le nom de Maison de France et facilement repérable au drapeau bleu, blanc, rouge qui flotte sur sa façade, elle abrite aujourd'hui l'ambassade de France et le Centre culturel français. Son premier propriétaire fut Nicolás de Ovando, qui succéda à Bobadilla comme gouverneur général. Il s'y installa en 1509. L'histoire dit que c'est de là qu'Hernán Cortez prépara son expédition pour la conquête du Mexique. La maison a ensuite appartenu à Hernando de la

Alcazar de Colón dans la zone coloniale.

Vega, grand aristocrate espagnol qui n'y a jamais vécu. Puis, elle a été vendue à Gonzalo Fernandez de Oviedo, le fameux chroniqueur des Indes. Rénovée en 1917, la maison a accueilli la Banque nationale de Santo Domingo. En 1978, elle a été prêtée à la France par le gouvernement dominicain pour une période de 50 ans.

■ CASA DE NICOLÁS DE OVANDO OU CASA DE DAVILA

Les trois maisons qui composent le palais ont été construites par Nicolás de Ovando, fondateur de la ville, durant la première décennie du XVIe siècle, période pendant laquelle le gouverneur général vivait à Santo Domingo. La longue et basse façade est fidèle au style gothique austère de l'époque. Les maisons ont été rattachées à la maison des Davila au numéro 57 de la rue, lors de leur restauration, et transformées en hôtel de tourisme en 1974 par le gouvernement dominicain. Les patios, les fontaines intérieures, le mobilier d'époque, le portail gothique, unique en Amérique, ainsi que la vue sur le fleuve depuis la terrasse, en font un vrai joyau et l'un des édifices les plus intéressants de la zone coloniale.

■ CASA RODRIGO DE BASTIDAS

L'édifice abrite aujourd'hui le musée Trampolino, destiné aux enfants. On pourra jeter un coup d'œil curieux pour découvrir le jardin intérieur. L'archevêque Rodrigo de Bastidas, fondateur de la ville de Coro, la première capitale du Venezuela, et de Santa Marta en Colombie, y élut domicile au XVIe siècle. Il fut *alcalde* de la ville de Santo Domingo en 1512. Son fils, qui portait le même nom que lui, fut archevêque de San Juan de Puerto Rico. La maison, voisine de la forteresse Ozama, qui possède un admirable jardin ombragé par de grands arbres et cerné d'une profonde galerie, fut un temps transformée en hôpital militaire.

© AUTHOR'S IMAGE

Canon faisant face à la forteresse Ozama.

■ FORTERESSE OZAMA

Édifiée entre 1502 et 1507 sur l'ordre de Nicolás de Ovando pour protéger la ville des attaques des pirates, c'est la plus ancienne construction militaire du Nouveau Monde. Elle est si rassurante qu'au temps de la colonie, on l'appelait la Fuerza. En son centre se trouve la Torre del Homenaje, massive tour médiévale datant de 1503, haute de plus de 18 m. De son sommet, la vue sur le fleuve et sur la ville est superbe. Le système défensif de la forteresse est complété par une série de fortins. Pendant la dictature de Trujillo, la forteresse servit de prison. En 1937, Trujillo fit construire un rempart crénelé surmonté d'une tour pour séparer la forteresse du port de Santo Domingo.

Café sur la place de l'Alcazar de Colón.

GRAN PLAZA DE ARMAS

En son centre se dresse la statue de Nicolás de Ovando, architecte de la ville et troisième gouverneur après Colomb et Bobadilla. L'œuvre est du sculpteur espagnol Juan de Vaquero. Le fondateur de Santo Domingo tient dans ses mains le compas qu'il utilisait pour son travail, ainsi que le bâton de gouverneur. De cet endroit, on jouit d'une belle vue panoramique en particulier sur le phare de Colón. Le soir, dans le charme discret de ses éclairages, la place prend une dimension magique. Il faut venir y savourer la douceur des nuits tropicales dans un décor vieux de cinq siècles.

MUSEO DE LAS CASAS REALES

Bien avant d'être transformés en musée, ces deux imposants palais étaient le siège des principales institutions royales. Ils abritaient la capitainerie générale (la première Cour de justice du Nouveau Monde ayant autorité sur toutes les cours d'Amérique) ainsi que la Trésorerie royale et l'Audience royale, créée en 1513 avant d'être transférée à Cuba le 12 décembre 1799, après la signature du traité de Bâle qui cédait la partie ouest de l'île à la France. La construction de l'ensemble prit fin en 1520. Sur la façade sud donnant sur la rue des Mercedes, se trouvait le seul blason connu de la reine Jeanne de Castille, mère de Charles-Quint, appelée aussi Jeanne la Folle, pour avoir perdu la raison à la mort de son mari, Philippe le Beau. Le blason est aujourd'hui exposé au musée. L'ensemble a été restauré en 1967.

L'entrée se fait par la façade principale du bâtiment. Elle est ornée des blasons de l'empereur Charles Ier d'Espagne, de ceux de l'île d'Hispaniola et de celui de la ville de Santo Domingo, accordé par privilège royal le 7 décembre 1508. Le musée expose des trésors retrouvés dans les eaux dominicaines et retrace l'histoire des débuts de la Conquête jusqu'en 1821, date de la première indépendance.

PANTEON NACIONAL

Cette ancienne église jésuite, construite entre 1714 et 1745 (les jésuites, dernière congrégation religieuse arrivée dans l'île, mais aussi la première à en partir), a subi une série de transformations et des destinations diverses : entrepôt de tabac, séminaire et enfin théâtre en 1860. Du théâtre au panthéon, il n'y avait qu'un pas, franchi en 1955. L'édifice abrite depuis cette date les dépouilles des héros de l'histoire dominicaine, et en particulier de la guerre d'Indépendance, comme les frères Puello et Maria Trinidad Sanchez. La travée centrale forme une croix avec les chapelles latérales et, dans la coupole, pend un énorme lustre de cuivre offert par le généralissime Franco au généralissime Trujillo. On ne s'étonnera plus d'apprendre que les grilles de l'étage supérieur proviendraient d'une prison nazie.

PUERTA SAN DIEGO OU PORTE DE LA MER

Construite entre 1540 et 1555, c'est l'unique porte décorée de la ville. Elle en ouvrait l'accès au port. C'est par là que les marchandises et les voyageurs pénétraient dans la ville fortifiée. A l'arrière se dresse le fort de San Diego, dont la structure à deux niveaux s'avançait dans les eaux du fleuve Ozama et qui a connu plusieurs destructions et reconstructions. La calle de las Damas, qui domine la porte, offre à cet endroit une très belle vue sur le fleuve et l'Alcazar.

Calle L'Atarazana

ATARAZANA

C'est une longue et imposante enfilade de bâtiments blancs, bas, tous mitoyens, de même structure, qui borde la rue du même nom. Cette enfilade a été réalisée au début du XVIe siècle pour abriter l'administration des douanes et de l'arsenal. Cet ensemble constitue une véritable curiosité architecturale et il n'en existe pas de semblable en Amérique. Restaurée en 1972, l'Atarazana abrite aujourd'hui des galeries d'art, des bars, des restaurants et des boutiques.

© SIR PENGALLAN - ICONOTEC

Panteon Nacional, ancienne église jésuite.

LAS ATARAZANAS REALES

Cet édifice cumulait les fonctions de dépôt des matériaux de construction des navires et d'entrepôt de marchandises pour l'évaluation des droits de douane. Sa construction, commencée en 1518, a été achevée par Diego de Torres en novembre 1543. C'est un bâtiment de *ladrillo* (briques) avec des arcs en pierre, des colonnes et des galeries à arcades suivies de trois travées. Par extension, le nom de l'ensemble architectural a été donné à la rue qui borde son côté principal et à la porte de la muraille la plus proche.

MUSEO DEL RESCATE SUBMARINO

Inauguré en décembre 1990, il est également abrité dans l'édifice de l'Atarazana. Il contient une magnifique et inestimable collection d'armes, de vaisselle, de bijoux et de monnaies d'un autre temps, tous des objets retrouvés lors des recherches entreprises depuis 1976 dans les eaux territoriales dominicaines riches en bateaux naufragés. Parmi les merveilles exposées figurent les trésors arrachés aux galions *Nuestra Señora de la Concepción*, *Guadalupe*, *Conte de Tolosa* et *Scipion*. Construite en 1620, *Nuestra Señora de la Concepción* a sombré par un méchant temps le 31 octobre 1641 sur les Abrojos, un récif du Nord de l'île. L'épave a été retrouvée en 1978, après de nombreuses recherches menées par Burt Weber, un Américain. Le *Guadalupe*, lancé en 1702 à Campeche (Mexique) était conçu spécialement pour le transport du mercure.

La dépouille de Christophe Colomb

Christophe Colomb souhaitait reposer à Santo Domingo, berceau du Nouveau Monde qu'il avait offert à la couronne d'Espagne. Il mourut à Valladolid le 20 mars 1506. Sa dépouille demeura à Séville jusqu'à ce que doña Maria de Tolède, veuve de son fils, la rapatriât avec elle à Santo Domingo lors de son quatrième voyage. En 1586, durant le sac de Santo Domingo par Francis Drake, l'évêque de la ville ordonna que soit effacée toute inscription permettant d'identifier les tombes que contenait la cathédrale. Il voulait ainsi éviter toute profanation des sépultures par les pirates anglais.

Lorsqu'en 1785 la France obtint la souveraineté de l'île grâce au traité de Bâle, Cuba, devenue le représentant des autorités espagnoles dans le Nouveau Monde, réclama les restes de Colomb qui étaient placés sous l'autel principal. C'est donc une urne trouvée à cet endroit qu'emportèrent les émissaires espagnols. Lors des travaux de restauration de la cathédrale, en 1877, le père Francisco Javier Billini trouva une urne de plomb portant l'inscription « L'illustre baron don Cristobal Colón, premier amiral de l'Amérique ». On découvrit que cette inscription avait été gravée à Valladolid avant le transfert de l'urne à Séville. Le 10 septembre 1877, les autorités ecclésiastiques, militaires et civiles officialisaient cette découverte à Santo Domingo. L'urne fut conservée dans un mausolée de marbre blanc, à l'intérieur de la cathédrale, jusqu'à son transfert solennel dans le Faro à Colón, en 1992. Telle est la version dominicaine de l'histoire des restes de Christophe Colomb. La version espagnole maintient, quant à elle, que l'urne fut réellement transportée à Cuba d'où elle regagna Séville.

© AUTHOR'S IMAGE

Statue de Christophe Colomb au centre du parc Colón.

Plus grand, le *Tolosa* était de facture classique. Comme le *Guadalupe*, c'était un voilier de grande taille, à la proue et la poupe richement décorées. En juillet 1724, les deux galions ont quitté Cadix en direction de Veracruz au Mexique, avec pour principal chargement du mercure alors utilisé pour l'extraction de l'or et de l'argent. Le 25 août, alors qu'ils pénètrent dans la baie de Samaná, dont le capitaine Ladrón de Guevara veut établir un relevé cartographique, une tempête fait sombrer les vaisseaux dans les environs de Miches. Environ 1 300 des 2 000 passagers périront dans le naufrage. Le sauvetage de l'épave du *Guadalupe* a commencé le 31 octobre 1976 ; un an plus tard, on retrouvait les restes du *Tolosa*. Un véritable trésor était ainsi sauvé des eaux : vases de cristal soufflé datant de 1720, épées, pièces de monnaie d'or et d'argent, assiettes, pipes, canons, bijoux sertis de pierres précieuses, instruments de marine… Le *Scipion* était un navire de guerre français de 74 canons et d'une capacité de 1 500 tonneaux. Construit en 1778, c'était l'un des bateaux les plus perfectionnés de ce type. Il a sombré dans la baie de Samaná la nuit du 17 octobre 1782, après avoir livré bataille aux navires anglais *London*, *Badger* et *Torbay*. La proximité de la côte a permis de sauver la majeure partie de la cargaison. Son épave a été découverte en mai 1977, lors des recherches effectuées autour du *Tolosa*.

Calle Isabel la Católica

■ CASA DE JUAN PABLO DUARTE

La maison natale de l'un des trois pères de la patrie a été transformée en musée consacré au héros de la guerre d'Indépendance contre l'occupant haïtien. Outre l'intérêt historique du site et quelques pièces de mobilier, la maison en elle-même n'a rien de remarquable. C'est dans cette demeure de proportions modestes, d'un seul niveau agrémenté d'un patio fleuri, qu'est né Juan Pablo Duarte, le 26 janvier 1813. Issu d'une famille aisée de commerçants espagnols, qui possédait un négoce de quincaillerie, il développe très jeune une âme de patriote. Il intègre la garde nationale haïtienne pour y acquérir des connaissances militaires. C'est là qu'il planifie la formation de La Trinité. Il participa à la Réforme et au nouveau gouvernement haïtien qui en résulte. Persécuté par les autorités haïtiennes, il s'embarque pour le Venezuela, d'où il poursuit la lutte pour la cause de l'indépendance. Duarte est mort en exil à Caracas en 1876. En 1884, ses restes furent transférés à Saint-Domingue et, depuis 1944, il est enterré à la Puerta del Condé, ou Autel de la patrie.

CASA DEL CORDON

Érigée en 1503 sur l'ordre de don Francisco de Garay, c'est la première maison construite en pierre à Santo Domingo. Compagnon de voyage du premier périple de Christophe Colomb, Francisco de Garay était le premier notaire de l'île, avant de devenir gouverneur de la Jamaïque. Don Diego Colomb et son épouse, doña Maria de Toledo, ont vécu dans cette demeure pendant la construction de l'Alcazar. C'est là que sont nées leurs deux filles, Felipa et Maria. C'est également dans cette demeure qu'en 1586 les dames de la cour ont décidé d'offrir leurs bijoux en paiement de la rançon exigée par sir Francis Drake, le pirate anglais, pour libérer la ville. La maison doit son nom au cordon de l'ordre des franciscains, sculpté sur la façade, ornement fréquemment utilisé dans l'architecture espagnole du XVIe siècle. Au deuxième niveau, apparaissent deux écussons, celui des armes royales, et celui du propriétaire initial. L'arc supérieur est orné des perles typiques de la période gothique des Rois Catholiques. A l'intérieur se cachent un joli patio et une magnifique collection de meubles de l'époque coloniale. L'édifice est aujourd'hui devenu un centre culturel parrainé par la Banque populaire dominicaine.

CATEDRAL SANTA MARIA LA MENOR PRIMADA DE AMERICA

Diego Colomb a posé la première pierre de la cathédrale en 1514, sous le regard attentif de l'architecte Alonso Rodriguez et de treize spécialistes, spécialement mandatés par le roi d'Espagne. En fait, ce pour quoi il avait été envoyé à Santo Domingo, il le réalisera à Mexico. En 1519, l'évêque Alejandro Geraldini, constatant que la cathédrale n'était encore qu'une ébauche, réactive sa construction en posant symboliquement une nouvelle première pierre, le 25 mars 1521. Le chantier s'est poursuivi jusqu'en 1540, mais le clocher n'a jamais été achevé. En 1546, le pape Paul II la consacre cathédrale métropolitaine

Cathédrale Santa Maria la Menor Primada de America.

Parc Colón.

et première cathédrale des Indes, lui donnant ainsi autorité sur toutes les églises du Nouveau Monde. Lors du sac de la ville, en 1586, Francis Drake y a installé son quartier général. Elle a abrité les restes de Christophe Colomb, dans un mausolée de marbre, jusqu'à leur transfert au phare de Colomb en 1992. L'ensemble, d'aspect massif, a été construit avec des pierres du récif corallien. C'est un mélange de styles roman, gothique et Renaissance. La façade de pierre corallienne dorée est un bel exemple de l'architecture espagnole de la Renaissance. On y voit le blason impérial de Charles V ainsi que les bustes des quatre évangélistes, de saint Pierre et de saint Paul. On accède à la cathédrale par trois portes : l'une donne sur la place Colón, la deuxième, faisant face à la place de los Curas, est appelée porte du Pardon, tandis que la troisième est la porte centrale. L'intérieur, de style gothique, contient quatorze petites chapelles dont celles consacrées à Alonso de Suazo, à Rodrigo de las Bastidas, à Geraldini et à Diego Caballero (premier secrétaire de la première Audience royale), ainsi que la crypte des archevêques et la chapelle des baptêmes. L'autel principal, en acajou, date de 1684. Les vitraux sont l'œuvre de l'artiste dominicain José Rincón Mora.

➜ **Sur le côté de la cathédrale, le parc Colón** invite au repos à l'ombre de ses arbres. En son centre, une statue en bronze et en granit, sculptée par le Français E. Gilbert, et érigée en 1887, représente Christophe Colomb dans une attitude volontaire et conquérante, tandis que la *cacica Anacaona* écrit sur son socle. Anacaona, réputée être la femme la plus belle et la plus talentueuse de l'île, succéda à son frère, le cacique Bohechio. Elle assista, impuissante, au génocide de sa tribu commis en 1503 sur l'ordre du moine Nicolás de Ovando, gouverneur de l'île. Cet épisode de l'histoire dominicaine est connu comme « la Furie de Jaragua ». Le parc représentait à l'origine le centre de la ville coloniale.

© AUTHOR'S IMAGE

Musée de l'Ambre.

Aujourd'hui, il est envahi de marchands de souvenirs, de stands de boissons, de petits cireurs de chaussures et de guides à l'affût du touriste. C'est à partir du parc Colón que commence l'artère commerciale et piétonne El Conde.

MUSEO DEL LARIMAR

Voici un musée entièrement consacré à la pierre bleue indigène aussi appelée turquoise dominicaine. La pectolite bleue se rencontre uniquement au sud-est de la ville de Barahona, dans le Sud du pays. Unique au monde par sa couleur et sa composition chimique, cette pierre possède un spectre de couleurs du bleu marine à l'azur céleste. Au-delà de l'intérêt géologique de cette rareté, la pierre est devenue un support pour les artisans fabricants de bijoux.

MUSEO MUNDO DE AMBAR

Le musée de l'Ambre concrétise le rêve du géologue dominicain Pompilio Brouwer, célèbre pour avoir lancé l'exploitation de l'ambre dominicain. Une jolie maison coloniale, restaurée avec bonheur et agréablement fleurie, abrite le tout jeune musée ouvert en septembre 1996. Jorge Caridad se passionne pour l'ambre depuis l'âge de douze ans, car chez les Caridad on est tailleur d'ambre de père en fils. Le musée se trouve à l'étage supérieur et mérite largement une visite. On y découvre toute l'histoire de la résine fossile, avec des explications détaillées sur sa formation et son exploitation. La collection comporte des pièces qui renferment des gouttes d'eau, des bulles d'air, de nombreux insectes (mouches, moustiques, libellules, termites ou cafards préhistoriques…). On y voit également une réplique de mine d'ambre et de larimar. Une approche originale, à la fois pédagogique et ludique, permet de découvrir les secrets de fabrication de la résine millénaire. Cette visite intéractive est un véritable voyage dans le temps, une rencontre avec le passé préhistorique de l'île. Le musée abrite aussi un atelier de taille de l'ambre, ainsi qu'une boutique qui propose une large gamme de bijoux en ambre. L'autre pierre locale, le larimar est, elle aussi, à l'honneur.

Calle Padre Billini

Billini était un philanthrope dominicain qui vécut au XIXe siècle. La ville lui doit de nombreuses institutions, parmi lesquelles son premier orphelinat. C'est lui qui découvrit dans la cathédrale les restes du grand amiral, lors de travaux de restauration.

CASA DEL TOSTADO

Construite au début du XVIe siècle, cette bâtisse de deux niveaux fut la demeure de l'écrivain Francisco del Tostado, un compagnon de Nicolás de Ovando, qui mourut sous les boulets de canon tirés par les troupes de Francis Drake. Construite en pierre, elle possède sur sa façade nord une double-fenêtre gothique géminée, unique en Amérique. Plus tard, elle abrita le palais archiépiscopal. Transformée aujourd'hui en musée de la famille dominicaine, son exposition témoigne des coutumes domestiques et des modes de vie de l'île au XIXe siècle.

IGLESIA DE REGINA ANGELORUM

Bâtie au XVIe siècle, l'église appartient au monastère des religieuses dominicaines qui demeurèrent dans le pays jusqu'au début du XIXe siècle. La façade de cette solide construction est de style plateresque mâtiné d'éléments baroques. Les deux premières poétesses du Nouveau Monde, Sor Leonor de Ovando et Elvira de Mendoza, y ont vécu.

IGLESIA ET EL IMPERIAL CONVENTO DE SANTO DOMINGO

L'église et le couvent furent construits vers 1510 par les missionnaires de l'ordre de Santo Domingo, sous la direction du moine Pedro de Cordoba. Le 28 octobre 1538, le couvent devenait le siège originel de la première université du Nouveau Monde avec l'autorisation du pape Paul II. Il prit le nom de Saint-Thomas-d'Aquin, et porte aujourd'hui celui d'université autonome de Santo Domingo.

Cathédrale de Santo Domingo.

C'est là aussi que fut délivré le fameux sermon de frère Antonio de Montesino (« Je suis la voix qui clame dans le désert »), qui réclamait un traitement plus humain pour les indigènes. A l'intérieur de l'église, croix latine de style baroque, on peut voir de magnifiques retables. Des cinq chapelles latérales se détachent la chapelle du Zodiaque qui se situe à la droite du grand autel et la chapelle du Rosario abondamment décorée dans le style plateresque.

PARQUE DUARTE

Il est orné en son centre d'un buste de Juan Pablo Duarte. A cet endroit même eurent lieu des pendaisons célèbres, dont celle de la cacica Anacaona, reine de Jaragua, accusée par Nicolás de Ovando d'être à l'origine d'une insurrection.

© AUTHOR'S IMAGE

Église de Nuestra Señora de la Altagracia érigée au XIXe siècle.

Cette exécution fut suivie, en 1586, par la pendaison d'un certain nombre de religieux, lors de la mise à sac de la ville par Francis Drake. La place fut aussi le théâtre de corridas et de fêtes religieuses populaires.

Calle Hostos

Voici certainement l'une des plus jolies rues de la ville coloniale. Etroite et pentue, elle comporte dans sa partie haute l'une des plus pittoresques enfilades de maisons créoles en bois, dont les couleurs vives prennent un éclat particulier et chaleureux aux rayons rasants du coucher du soleil.

CONVENTO DE SAN FRANCISCO

Il ne reste plus, là encore, que quelques ruines du premier monastère du Nouveau Monde, construit en 1512 par les moines de l'ordre de Saint-François. La congrégation fut fondée en 1502. C'est dans ce monastère que fut éduqué le cacique Guarocuya, baptisé Enriquillo selon la foi chrétienne, qui lutta treize ans dans les montagnes du Bahoruco. Le couvent, partiellement ravagé par un incendie en 1586, lors du sac de la ville par Francis Drake, fut définitivement détruit par un tremblement de terre en 1673. L'ancien puits de San Francisco ainsi qu'un réservoir où l'on stockait l'eau au profit des habitants de la ville existent encore. L'emplacement de la tombe d'Alonso de Ojeda, l'un des plus intrépides capitaines des conquistadores, est encore visible sous la voûte en ruine. La légende dit que dans un acte d'extrême humilité, il demanda à être enterré à l'entrée du couvent afin que tous puissent lui marcher dessus. Le couvent abrite aujourd'hui des manifestations culturelles.

© AUTHOR'S IMAGE

Maison du cigare.

■ HOSPITAL SAN NICOLAS DE BARI

Du premier hôpital d'Amérique, construit entre 1503 et 1508 par Nicolás de Ovando, il ne reste aujourd'hui que des ruines. Mais quelles ruines ! L'établissement, qui fonctionna jusqu'à sa démolition, au début de ce siècle, abritait la première chapelle consacrée à la Vierge de Altagracia, protectrice des Dominicains. A proximité, l'église de Nuestra Señora de la Altagracia (datant du XIXe siècle).

Calle del Truco (ou Las Mercedes)

Plusieurs demeures nobles du XVIe siècle se côtoient dans cette rue.

■ CASA DE JÉSUITES

C'est une des plus vieilles bâtisses de la ville construite par ordre de Nicolás de Ovando. Simple, elle possède un intérieur de style mauresque. L'université du Gorjon y fut transférée sous tutelle des jésuites jusqu'à leur expulsion en 1767.

■ CASA DES GARGOUILLES

C'est l'édifice le plus célèbre de la rue. On dit que les six gargouilles zoomorphes qui ornent sa façade sont typiques du Moyen Âge. Elles servaient autant à écouler l'eau de pluie qu'à protéger l'édifice des influences néfastes. Elles auraient appartenu initialement à la cathédrale. Cet édifice fut le siège de l'université de Santiago de La Paz. L'hymne national y fut exécuté pour la première fois le 17 août 1883. La maison communique avec les maisons voisines par des corridors intérieurs.

■ IGLESIA Y CONVENTO DE NUESTRA SEÑORA DE LAS MERCEDES

Construite en 1530 en l'honneur de la Vierge Marie, cette église est particulièrement sobre. Elle abrite une loge maçonnique et une institution de l'église catholique, cohabitation unique au monde. C'est aujourd'hui le siège de l'Académie d'histoire dominicaine.

Calle Palo Hincado

Baptisée ainsi en l'honneur de la bataille du même nom où, en 1809, les troupes créoles défirent l'armée napoléonienne, la rue marque les anciennes limites de la ville coloniale. Sur la gauche, on voit les murailles construites au XVIe siècle pour protéger la ville coloniale ; sur le Malecón et au parc de l'Indépendance, les murailles aujourd'hui disparues sont figurées par une marque au sol faite de blocs coralliens.

BALUARTE 27 DE FEBRERO OU AUTEL DE LA PATRIE

Entre la rue piétonne El Conde et le parc de l'Indépendance, le Baluarte est situé sur l'une des plus anciennes places de la capitale. Les restes des trois pères de la patrie (Duarte, Sanchez et Mella) y reposent dans un immense mausolée de marbre blanc dont la porte principale est marquée de l'écusson national. A l'intérieur, trois statues impressionnantes, d'une dizaine de mètres de hauteur, représentent les héros nationaux.

FUERTE DE LA CONCEPCIÓN

Située au coin nord du parc de l'Indépendance, cette place stratégique des plus importantes était un maillon de la grande chaîne des garnisons et des forts militaires construits à des fins défensives dans le courant du XVIIe siècle par l'ingénieur militaire italien J. B. Ruggero.

PUERTA DE LA MISERICORDIA OU PUERTA DE LA SABANA

C'était l'un des accès à la ville par la terre, construit en 1543 par Rodrigo de Liendo dans le style d'une porte fortifiée médiévale. A cet endroit, Francisco del Rosario Sanchez, Ramon Matias Mella et un groupe de patriotes commencèrent la lutte d'indépendance contre Haïti, le 27 février 1844. La porte conserve sur le côté ouest les vestiges des deux petits bastions qui la complétaient. Elle doit son nom à une petite chapelle bâtie à proximité, en 1842, où les habitants allaient implorer la miséricorde divine lors des fréquents tremblements de terre.

PUERTA DEL CONDE

Datant du XVIIe siècle, baptisée à l'origine bastion San Genaro, elle fait partie de la muraille fortifiée qui entourait la ville. La porte est ainsi appelée en l'honneur du comte de Peñalba, gouverneur de l'île, qui défendit la ville contre les Anglais en 1655. Ses deux solides tours carrées sont reliées par une arche en pierre. Ce fut le site des premiers actes d'indépendance de la République.

Los Santos de Palo

Ces statuettes de bois représentant principalement la Vierge, l'Enfant Jésus, saint Antoine et saint François d'Assise, datent du début de notre siècle. De taille réduite (environ 60 cm), elles étaient confectionnées d'une seule pièce par des paysans. Les Santos de Palo ornaient les autels d'où ils étaient sortis lors des processions de célébration du Rosaire. Les croyances populaires, issues d'Europe et trouvant leurs origines dans l'antiquité païenne, leur conféraient des pouvoirs surnaturels comme la guérison des maladies ou la réalisation de certains miracles. Du fait de leur caractère sacré, les Santos de Palo *devaient être sculptés en suivant certains rites et en respectant des interdits.*

Reine du carnaval de Santo Domingo.

Place de la Culture

AVENIDA MAXIMO GOMEZ

Ce grand parc se trouve à la frange d'un quartier résidentiel et de la zone universitaire. Le complexe comprend les principaux musées de la capitale, le musée de l'Homme dominicain, le musée d'Art moderne, le musée d'Histoire naturelle, le musée d'Histoire et de Géographie ainsi que le théâtre national et la bibliothèque nationale. L'ensemble est très fréquenté par les étudiants et les écoliers de la capitale.

MUSÉE DE L'HOMME DOMINICAIN

Ce musée, l'un des plus riches et des plus intéressants du pays, présente un panorama très complet de la culture dominicaine, de la préhistoire à nos jours. Une partie importante des salles d'exposition est consacrée aux populations indigènes de l'île, en particulier aux Taïnos, présents à l'arrivée des Espagnols. De grandes maquettes reconstituent des scènes de la vie domestique, de chasse, de pêche, ainsi que les villages indiens. Les rites religieux sont illustrés par de nombreux objets de cérémonie et amulettes. Une magnifique collection d'art taïno est présentée, céramiques, urnes, trigonolithes et cemis, palettes vomitives, sièges cérémoniels (*duho*). Une importante section est consacrée à la période de la Conquête. L'histoire de l'esclavage est retracée au travers d'objets et de gravures illustrant les conditions de vie des Africains, dont la contribution à la culture dominicaine est mise en valeur. Quant au syncrétisme religieux et aux différents rites dominicains modernes, une place particulière leur est accordée, ainsi qu'au carnaval (magnifique collection de masques et de costumes traditionnels).

Autres quartiers

Malecón

Cette immense artère longe la mer des Caraïbes de la zone coloniale jusqu'aux extérieurs de la ville sur une distance de 15 km environ. Elle porte le nom de George Washington, mais seulement sur les plans. Pour les Dominicains, c'est le Malecón. Deux obélisques y ont été dressés au temps de Trujillo. L'un, appelé « La hembra » (femelle, en raison de ses deux colonnes), célébrait le remboursement de la dette extérieure du pays ; il marque le début de la ville coloniale et le commencement des remparts qui protégeaient autrefois la ville espagnole.

© MINISTÈRE DU TOURISME DE LA RÉPUBLIQUE DOMINICAINE

Obélisque El barón sur le Malecón.

L'autre obélisque, appelé « El barón » (mâle, car il est composé d'une seule colonne !), érigé en 1936, célébrait le premier anniversaire du nouveau nom de la ville, Ciudad Trujillo. C'est dans la partie centrale du Malecón, c'est-à-dire entre la ville coloniale et l'avenue Lincoln, que déambulent à la tarde les familles et les amoureux. C'est là qu'il faut se rendre pour profiter de l'ambiance nocturne des bars, des glaciers, des restaurants, des cinémas et des discothèques. En fait de discothèque, on pourrait presque dire que le Malecón en est une immense à l'air libre, tant il est au cœur de la vie nocturne. C'est LE lieu des rencontres. On s'y apostrophe, on s'y lance des plaisanteries et des invitations, on n'y reste jamais seul plus de quelques secondes. S'il est un antidote assuré à la mélancolie, il faut cependant savoir où l'on met les pieds, car certaines sections du Malecón sont mal famées. A l'intersection de l'avenue Maximo Gómez, la Playa est l'un des lieux de rendez-vous les plus animés. Les bars, les kiosques de boissons et de sandwichs y foisonnent. Les terrasses diffusent une musique tonitruante, la foule ondule au son des derniers *mérengués*, tandis que voitures et motos pétaradent… Un peu plus loin, on entre dans une zone peu éclairée la nuit. C'est un lieu de racolage. Messieurs, attention à vos poches, les demoiselles ont les mains lestes et expertes. C'est sur le Malecón que les *comparsas* défilent lors des carnavals de la capitale au son des rythmes créoles et des tambours africains. Il vous faudra attendre le mois de juillet pour vous fondre dans la folie du festival de *mérengué*. Des estrades sont dressées tout le long de la mer, des orchestres s'y produisent tous les soirs, les comptoirs à boissons envahissent les trottoirs et les rues où la foule ne cesse de danser et de boire jusqu'au petit matin. Certains dimanches, le Malecón est fermé à la circulation automobile et promeneurs, skateurs et autres amateurs de rollers déambulent au milieu des petits stands de boissons et de nourriture.

L'Ouest

■ JARDIN BOTANIQUE NATIONAL

Le Jardin botanique étant voisin du zoo, la visite des deux parcs peut se faire simultanément. Ce jardin, dédié au docteur Rafaël Moscoso Puello, célèbre botaniste dominicain et fondateur de l'Institut botanique, est le plus étendu des Caraïbes. On peut le visiter en petit train, en calèche ou à pied. Compte tenu de la chaleur, il vaut mieux privilégier l'une des deux premières solutions. Vous y trouverez de très nombreuses espèces de la flore tropicale, dont certaines sont aujourd'hui préservées. Ne manquez ni le jardin japonais, ni le jardin des orchidées, où les multiples variétés de cette fleur mythique ont de quoi surprendre, ni le pavillon des broméliacées. Une fois la visite terminée, on peut prendre un rafraîchissement à la cafétéria.

■ PARQUE MIRADOR DEL SUR

Une bouffée de verdure qui s'étire sur quelque 7 km de long, dominant la ville et la mer au loin. Les Dominicains y pratiquent le jogging et la bicyclette en fin de journée, les amoureux y flânent le soir venu. Agrémenté de sculptures, de fontaines, d'un lac artificiel, pourvu de bars et de cafétérias, le parc est une halte reposante. De l'avenue Mirador del Sur, on a une jolie vue panoramique sur la partie ouest de la ville.

L'Est

■ AQUARIUM MARES DEL CARIBE

De construction récente (1991), l'aquarium donne une bonne idée de la faune sous-marine locale. Les tortues et les requins y évoluent dans des aquariums reliés par des allées à ciel ouvert. Malheureusement pour ceux qui ne parlent pas l'espagnol, les explications ne sont pas traduites. Evitez le week-end, encombré de familles. La cafétéria se trouve dans un beau jardin qui donne sur la mer. A proximité de l'aquarium, de l'autre côté de la route, un centre aquatique avec toboggans, piscine à vagues et jeux d'eaux.

Faro a Colón.

On peut y louer de grosses bouées gonflables pour se propulser dans les descentes et les chutes d'eau.

FARO A COLÓN

Cet immense édifice de béton gris est, comme vous le constaterez aisément, le monument le plus récent et sans doute le moins attirant de la capitale. Son illumination et sa bénédiction par le pape ont constitué le point culminant de la célébration, en 1992, du 500e anniversaire de la découverte du Nouveau Monde. L'édifice se dresse sur une colline au centre du parc Mirador del Este, dans la partie orientale de la ville, à l'endroit même de sa fondation initiale en 1496. Le projet de construire un monument pour honorer la mémoire du Grand Amiral remonte à 1852. Le mausolée fut inauguré le 6 décembre 1898. Pendant la troisième République et l'occupation américaine de 1916 à 1924, la loi 531 (adoptée lors de la cinquième conférence panaméricaine de Santiago du Chili en 1923), déclara d'utilité publique l'érection d'un phare sur les côtes de la ville de Santo Domingo « en hommage universel à la mémoire de Découvreur du Nouveau Monde ; le monument s'appellera Phare à Colomb et sera financé par la contribution de tous les pays qui voudront se joindre à cet hommage ».

La construction a commencé le 14 avril 1948, puis fut interrompue. Elle n'a repris qu'en 1987. L'inauguration a eu finalement lieu le 6 octobre 1992. Le monument aura officiellement coûté 135 millions de pesos, mais beaucoup plus selon les Dominicains, dont certains contestent l'intérêt d'une telle dépense. Le Faro a Colón correspond exactement au projet de Gleave : l'édifice imposant (310 m de long, 44 m de large et 33 m de haut) abrite en son centre la dépouille de Christophe Colomb, dans le mausolée de marbre blanc, désormais gardé par un incessant ballet de marins.

LOS TRES OJOS

Les bouleversements souterrains et le relief corallien ont donné naissance à de nombreuses grottes dans la région de Santo Domingo. Los Tres Ojos est l'une des formations les plus spectaculaires. Cette immense grotte à ciel ouvert, à laquelle on accède par un escalier de pierre, est envahie de stalactites, de stalagmites et de chauves-souris. On y trouve également trois étangs (d'où son nom), le premier, el Ojo de Azufre rempli d'eau sulfureuse, le second, el Ojo de las Damas, d'eau salée, le troisième, el Ojo de la Cañuela, d'eau douce. Les travaux d'aménagement du site ont été exécutés sur ordre de Trujillo. Un passeur vous fera accéder au dernier des étangs grâce à un bac de fortune. L'atmosphère y est particulièrement humide et la végétation tropicale extrêmement dense. A l'entrée de la grotte, de nombreux vendeurs proposent des statuettes d'inspiration taïno, taillées dans des roches coralliennes.

PARC SOUS-MARIN ET MUSÉE DE LA CALETA

Le parc constitue un excellent poste d'observation initiatique pour les plongeurs, qui peuvent y découvrir la faune marine tropicale. Dans un musée à la mémoire des Indiens sont exposés des squelettes exhumés lors de la découverte sur les lieux d'un cimetière indigène, ainsi qu'une petite collection de céramiques préhispaniques, témoignage de l'artisanat des Taïnos.

La côte caraïbe

On appelle ainsi la région côtière qui se déploie au sud du pays, à l'est de la capitale. C'est donc la côte sud-est du pays que bordent les eaux insolemment turquoise, translucides et calmes de la mer des Caraïbes. Le tourisme de masse s'est très tôt développé le long de ces plages paradisiaques, bien desservies grâce à la proximité de la capitale et des aéroports internationaux de Las Americas et de la Romana. Les plages sont belles, souvent même magnifiques, moins sauvages toutefois que dans d'autres régions. Des récifs coralliens les protègent et les lagons sont parfois si peu profonds que la baignade y est restreinte. De nombreuses stations balnéaires jalonnent cette côte, qui compte aussi deux villes parmi les plus importantes du pays, San Pedro de Macorís et La Romana.

Boca Chica

L'histoire de cette petite bourgade remonte aux environs de 1920, quand la haute société dominicaine y établit ses quartiers d'été, loin de la touffeur de la capitale. C'est à don Juan Bautista Vicini, patron d'un des groupes sucriers les plus importants de l'île, que l'on doit le développement économique, urbain et touristique de la ville. Protégée par une barrière de corail qui abrite le lagon, Boca Chica est l'une des plus belles plages de l'Est, et de loin la plus agréable à proximité immédiate de la capitale. Elle se compose d'anses ombragées de cocotiers et d'amandiers et de sable fin et blanc, quoique parfois un peu dur, ce qui fait douter de la totale authenticité de la plage.

Plage de Boca Chica.

La côte caraïbe
Cordillera Oriental
MONTE PLATA
HATO MAYOR
EL SEIBO
SAN PEDRO DE MACORIS
LA ROMANA
LA ALTRAGRACIA
Hato Mayor
El Seibo
Duyey
El Macao
El Salado
Bejucal
Higüey
La Otra Banda
Playa Bavaro
Punta Cana
Los Llanos
Ingenio Quisqueya
Guaymate
Ramon Santana
Vers Santo Domingo
San Pedros de Macoris
La Caleta
Andrés
Boca Chica
Juan Dolio
La Romana
Boca de Chavón
San Rafael del Yuma
Boca de Yuma
Bayahibe
Altos de Chavón
Parque Nacional del Este
La Palmilla
El Algibe
Baie Catalinita
Baie de Yuma
Baie La Altagracia
Isla Catalina
Isla Saona
Cabo Caucedo
Playa de Guayacanes
Playa La Sardina
Playa La Rata
Rio Yabacao
Rio Casui
Rio Brujuelas
Arroyo Lajas
Rio Higuamo
Rio Magua
Rio Soco
Rio Chavon
Rio Chavón
Rio Sanate
Rio Yuma
Mer des Caraïbes
0
20 km
Altitude (en mètres)
1000
500
200

La profondeur du lagon qui déploie des eaux turquoise d'une transparence sans pareille, n'excède jamais 150 cm. C'est en fait une immense piscine protégée sur la côte caraïbe.

→ **L'île Matica,** un petit massif de mangrove, s'étire à quelques centaines de mètres en face de la plage. C'est un refuge pour les oiseaux qui viennent en nuées s'y retirer à la tombée du soir, dès le coucher du soleil. Au loin, dénaturant quelque peu le paysage se dessinent les structures géantes hérissées de grues du méga port terminé en 2004, qui concentre désormais une grosse partie des échanges commerciaux du pays avec ses partenaires économiques.

Guayacanes

Ce petit village de pêcheurs a conservé tout le charme d'une petite bourgade dominicaine alanguie en bord de mer. C'est une halte sans prétention, agréable et parfaitement typique de cette partie de la côte.

■ MAISON DES ARTISTES

Située à l'entrée du village, reconnaissable à ses fresques colorées, cette modeste demeure abrite le rêve de Chantal, une Dominicaine d'adoption installée depuis de nombreuses années en République dominicaine. De petites chaises, une grande table de bois, blotties à l'ombre d'un grand tamarinier dans la cour, des enfants qui peignent, jouent, récitent... A travers sa fondation, Chantal aide les enfants et les jeunes des villages de la région à développer leurs aptitudes professionnelles dans le domaine du tourisme comme de l'art. Des cours de français, d'histoire, de théâtre, de peinture et de sculpture sont dispensés par des bénévoles et des artistes, qui se sont joints à cette initiative. Vous pourrez jeter un coup d'œil curieux aux répétitions des uns ou aux efforts des autres. Une exposition-vente des créations enfantines comme de celles des artistes et des artisans locaux permet de faire un geste pour les soutenir. Bien sûr, toutes les bonnes volontés et les dons en nature sont également les bienvenus.

San Pedro de Macorís

La ville, une des plus importantes du pays, a été fondée en 1820 par des immigrants allemands, arabes, espagnols et français, pour la plupart des planteurs fuyant la nouvelle république haïtienne. Ils furent bientôt rejoints par les Espagnols qui avaient abandonné Cuba et sa guerre d'Indépendance en 1870. La ville obtint le statut de province en 1882. Ouverture maritime pour la région agricole intérieure où les plantations sont nombreuses et port important d'exportation de bananes plantains, San Pedro de Macorís a connu son apogée au début du XIXe siècle, au moment où l'industrie sucrière atteignait son plein essor puis lors de la Première Guerre mondiale. Et comme l'argent coulait à flots, c'est dans cette ville que l'on installa le premier téléphone automatique, inauguré le 20 juin 1884 par une conversation entre le président Ulisses Heureaux et le général Francisco Gregorio Bellini. De cette époque, connue comme la « danse des millions », datent les édifices les plus prestigieux et les riches demeures de style néoclassique. San Pedro est un centre universitaire important. La Universidad Central del Este a été fondée par le docteur José Hazim.

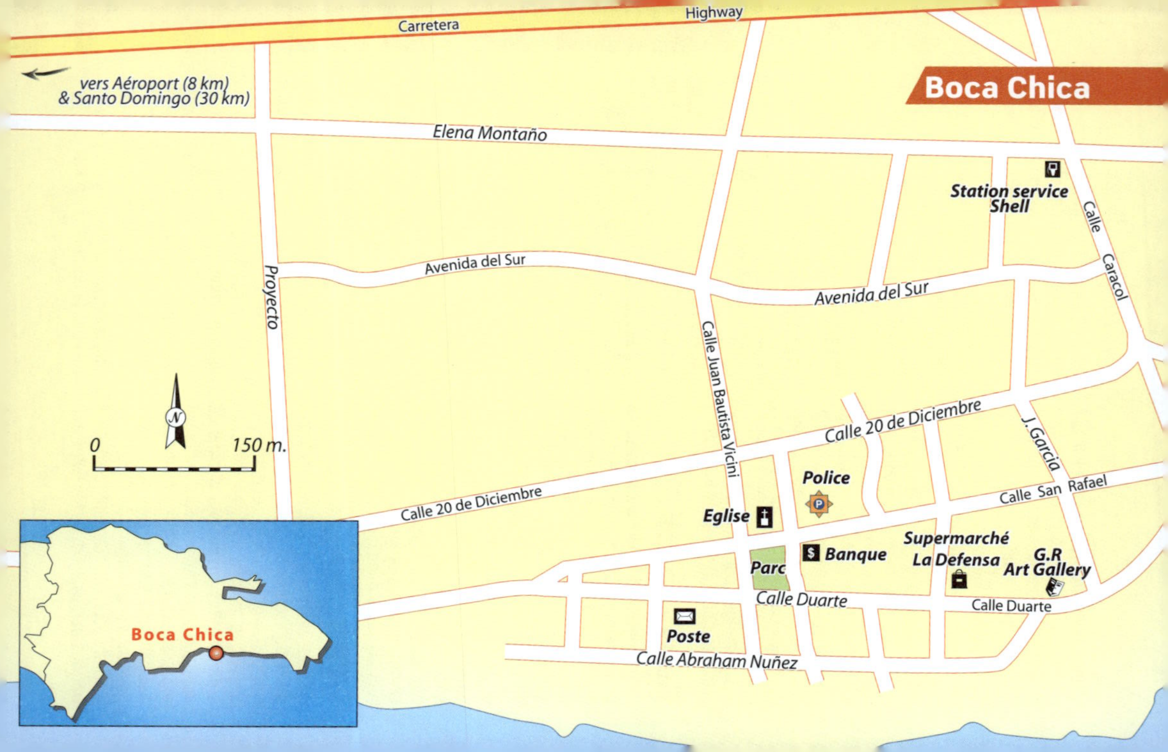
Boca Chica
Carretera
Highway
vers Aéroport (8 km)
& Santo Domingo (30 km)
Elena Montaño
Proyecto
Avenida del Sur
Avenida del Sur
Calle Caracol
Station service
Shell
Calle Juan Bautista Vicini
Calle 20 de Diciembre
Calle 20 de Diciembre
J. Garcia
Calle San Rafael
Police
Eglise
Banque
Parc
Supermarché
La Defensa
G.R
Art Gallery
Calle Duarte
Calle Duarte
Poste
Calle Abraham Nuñez
0
150 m.
N
Boca Chica

Elle est célèbre pour son école de médecine et a largement contribué au redéploiement économique de la ville.

CUEVA DE LAS MARAVILLAS

La grotte se trouve entre San Pedro de Macorís et La Romana, plus précisément entre les fleuves Soco et Cumayasa. Elle est plutôt mal indiquée, il faut emprunter une courte piste pour atteindre le parking. Cette impressionnante formation géologique, formée de voûtes successives ornées de stalagmites et de stalactites millénaires, a été découverte en 1926 et baptisée la Cueva del Jagual. Elle a été récemment réaménagée sur quelque 850 m de galeries avec éclairage, rampe d'accès et marches. C'est le plus grand musée d'art rupestre des Antilles. Les parois de la grotte sont ornées de peintures rupestres préhispaniques. Vous verrez quelques-uns des quelques 500 pictogrammes qui décorent les parois rocheuses, témoignage du passage des Taïnos sur les lieux, utilisés comme centre de rituels religieux et funéraires. Les pétroglyphes sont rares, car les Taïnos ne vivaient pas dans les grottes qu'ils considéraient comme le ventre de la terre, tout au plus y séjournaient-ils périodiquement lors des saisons de chasse et de pêche ou pendant leur initiation à la vie adulte.

IGLESIA SAN PEDRO APOSTOL

Cette petite église de style gothique anglais, dont les murs jaunes et blancs contrastent agréablement avec le bleu du ciel, a été construite une première fois en 1915, puis reconstruite en 1930 après le passage d'un cyclone. Les vitraux sont joliment travaillés et ses confessionnaux sont, comme le veut la tradition, en bois. Le clocher, visible de toute la ville, sert de point de repère.

MALECÓN

Comme toutes la plupart des promenades du bord de mer, il s'anime dès que le soir tombe. Les citadins viennent y prendre le frais en flânant, en famille ou en couple. On peut y acheter de quoi boire et manger dans de nombreux *chimichurris*, stands de rue, au son des derniers mérengués.

MUSÉE RÉGIONAL D'ANTHROPOLOGIE

La région est investie par les anthropologues à la recherche de vestiges de l'histoire précolombienne, et les universitaires ne sont pas en reste dans ces investigations. Le musée expose les résultats de ces recherches. Il intéressera les stakhanovistes de la civilisation taïno, mais les autres pourront sans regret oublier cette visite.

Sabana de la Mar

Quand on arrive à Sabana de la Mar, on est au bout du monde, dans un cul-de-sac. Engourdi de chaleur, le village somnole en regardant la mer, tel un gros animal. Quelques rares pêcheurs ravaudent leur filet à l'ombre des palmes qui bordent la baie de Samaná. Ici, le visiteur étranger est rare. On y vit au ralenti, loin du monde, dans une atmosphère un peu désolée. Sabana de la Mar vit principalement de la pêche. Le village possède une église traditionnelle attenante au parc central. Sur les bancs, à l'ombre des grands arbres, quelques autochtones se prélassent... Les touristes sont presque inexistants à Sabana de la Mar. A cela plusieurs raisons : il n'y a pas de plage, les eaux de la baie sont boueuses et brunes à cause des embouchures des fleuves qui sont proches, et le parc national des Haïtises isole le village.

La Romana

La ville a été fondée vers 1502 par Juan de Esquivel. Son nom tire son origine de la balance romaine qui servait à peser les marchandises qui entraient au port. Le développement de La Romana date du début du siècle. Il est lié à la construction, par la Puerto Rico Sugar Company, de la plus grande raffinerie de sucre du secteur privé du pays. Sa prospérité a rapidement attiré les émigrants de Porto Rico, d'Haïti, et des îles anglophones. C'est en 1945 que la région a obtenu le statut de province. Dans les années 1970, alors que les cours mondiaux du sucre s'effondraient, la Gulf and Western Inc., société américaine propriétaire de la raffinerie Centra Romana, décida d'étendre ses activités au tourisme afin de compenser ses pertes dans le secteur industriel. La Romana devint très vite une destination internationale du tourisme haut de gamme. Le gigantesque complexe voisin de Casa de Campo est en effet l'un des plus luxueux rendez-vous de la jet-set internationale. Il n'y a guère de monuments intéressants dans cette ville de 250 000 habitants tout entière consacrée à l'industrie du tourisme et au développement de ses huit zones franches industrielles.

PARC CENTRAL

Comme tous les parcs des centres-villes du pays, il est le centre névralgique de la vie sociale. Tout le monde s'y rencontre le soir, les stands de nourriture et de boissons s'y agglutinent en rangs serrés, les motos-taxis y attendent le client, bref, tout un chacun y passe au moins une fois par jour.

PLAGE CALETON

C'est la plage populaire des Romanenses, mais elle est loin d'avoir le charme des autres plages de la région. Il est, paraît-il, déconseillé de s'y aventurer dès que la nuit tombe.

Boca de Chavón

Ce petit hameau établi à l'embouchure du fleuve Chavón ne manque ni de charme ni de langueur tropicale.

© MINISTÈRE DU TOURISME DE LA RÉPUBLIQUE DOMINICAINE

Marina de La Romana.

© MINISTÈRE DU TOURISME DE LA RÉPUBLIQUE DOMINICAINE

Fleuve Chavón.

Les rues de terre sont bordées d'alignements de maisons créoles typiques aux chaudes couleurs éclatantes, d'incontournables *colmados* plus ou moins bien achalandés où l'on trouvera toujours une bière fraîche et de salles de billard pour se retrouver entre amis autour d'un tapis vert. On atteint le village de Boca de Chavón au terme de 6 km d'une bonne piste.

FLEUVE CHAVÓN

À son embouchure, on aperçoit de nombreuses grottes naturelles. Des excursions sont organisées sur le fleuve en petites barques à moteur. L'embarcadère se trouve à Boca de Chavón.

Isla Catalina

La faune sous-marine protégée est particulièrement abondante dans les eaux cristallines de cet îlot sauvage, devenu l'un des hauts lieux de la plongée dans le pays. Les récifs coralliens sont nombreux et point n'est besoin de plonger très profondément pour faire des rencontres sous-marines intéressantes. Les excursions sont organisées principalement par l'hôtel Casa de Campo.

La canne à sucre

La canne à sucre est originaire de Nouvelle-Guinée. Elle a voyagé en Orient, en Espagne et aux Canaries avant de s'imposer dans les îles des Caraïbes au XVe siècle. Sur quinze mois, la canne se multiplie à partir de boutures, puis développe deux types de racines : les unes pour se nourrir d'eau et de sels minéraux, les autres pour fixer la tige. Puis, la hampe florale commence à grandir. Avant la coupe, la zafra, on brûle rapidement la canne pour éclaircir le feuillage et tuer les parasites. Chaque bouture produit une touffe de cinq à vingt tiges qui peuvent atteindre 4 m de hauteur. Les plantations utilisaient les esclaves, remplacés ultérieurement par des ouvriers agricoles. Aujourd'hui, ce sont les Haïtiens qui coupent la canne lors de la récolte en République dominicaine, ce travail étant jugé trop dur ou dégradant par les Dominicains.

© AUTHOR'S IMAGE

Amphithéâtre d'Altos de Chavón au domaine de Casa de Campo.

Mais les écoles de plongée de toute la côte sud ont inscrit cette île à leur programme. Aujourd'hui, la plage est bien aménagée. Un môle attend toutes les embarcations. Des chaises longues protégées du soleil par les parasols, un petit marché artisanal abrité dans des bicoques de bois colorées, des vendeurs ambulants de rafraîchissements et de fruits qui sillonnent la plage, Catalina possède toutes les caractéristiques d'une plage classique. La baignade y est particulièrement agréable et, si vous n'êtes pas adepte de la plongée, un masque et un tuba suffisent pour nager au milieu des poissons multicolores.

Bayahibe

Cet adorable petit village de pêcheurs avait longtemps été épargné par l'agitation touristique des plages voisines et vivait au ralenti au bout du monde face à sa plage de rêve et à ses criques aux eaux translucides... jusqu'à ce que de grands complexes hôteliers en formule tout compris décident de s'y installer. C'est désormais chose faite et la côte entre Bayahibe et le Parque de l'Este est ponctuée de ces grands ensembles qui déversent désormais leurs flots de vacanciers de toutes nationalités sur le paisible village de bord de mer. Bayahibe y a bien sûr perdu en authenticité et en charme, mais, voyons le bon côté des choses, elle y a gagné en animation et en vie sociale. Le port, petite anse assoupie sous le soleil, compte aujourd'hui un parc impressionnant de barques aux couleurs vives qui se balancent sur une mer turquoise calme comme un lac. La plage principale est une vraie merveille, mais elle sert dorénavant de point de départ des excursions pour l'île Saona et de parking aux voiliers et aux *lanchas*. Un ambitieux projet de marina devrait voir le jour prochainement ; il ne manquera pas de modifier le visage de Bayahibe. La magnifique plage publique devrait être bientôt débarrassée de ses bateaux, renflouée en sable et rendue aux baigneurs. L'avenir de Bayahibe, station balnéaire en devenir, est encore à écrire...

Dominicus

Après Bayahibe, la route serpente pendant trois kilomètres dans un paysage semi-désertique jusqu'au village Dominicus, ministation touristique qui doit son nom au grand hôtel Viva Dominicus, pionnier de l'endroit.

MUSÉE TAÏNO

À côté de la fabrique de cigares, Jean Michel a ouvert un musée taïno, sur le peuple aborigène qui vivait sur l'île bien avant l'arrivée des premiers colons.

La collection est extrêmement riche et n'a rien à envier aux musées de la capitale. Les nombreux objets en très bon état, les statues, les céramiques méritent vraiment qu'on leur accorde un coup d'œil attentif.

Parc national del Este

Au-delà de Dominicus, la route devient piste et mène au Parque Nacional del Este. Ce parc est réputé pour être le centre archéologique le plus important de la civilisation taïno. Comme dans tous les parcs nationaux, l'accès nécessite une autorisation de la direction générale des parcs de Santo Domingo. On longe la côte au milieu d'une végétation chétive de steppe sèche, mais la mer est d'un bleu si intense, et les plages tellement vierges et idylliques, qu'on songe à s'y perdre pour toujours. Dans cette région, la faune est protégée et l'on dénombre 11 espèces endémiques d'oiseaux dont la colombe couronnée. On découvrira également la piscine naturelle qui fait l'orgueil de la région : la mer y est peu profonde, transparente et d'une couleur telle qu'il n'en existe que dans les rêves.

Isla Saona

Perle de la côte caraïbe et l'une des fiertés des Dominicains, elle est située en face de la pointe sud-est de l'île ; elle fait partie du parc national del Este, et sa faune ainsi que sa flore sont protégées. Bien abritée des vents, sa lagune intérieure est un véritable refuge pour les oiseaux migrateurs, à l'abri de toute civilisation. Saona est à ce point bénie des dieux qu'elle possède le taux de mortalité le plus faible du pays. C'est ici que se réfugia le cacique Cotubanamà dont la défaite face aux Espagnols signa la conquête définitive de l'île Hispaniola. On vient d'y faire récemment une découverte archéologique intéressante à Manantial del Aleta : un puits d'une profondeur de 70 m qui aurait servi de lieu de sacrifice et qui contenait des objets taïnos dont un siège de cacique.

San Rafael de Yuma

Dans ce beau village typique de la campagne dominicaine, les maisonnettes de bois ont des couleurs pimpantes qui prennent une luminosité et un éclat particuliers sous le soleil de plomb.

Plage sur Isla Saona.

On y croise plus de mulets et d'ânes que de voitures et de motos. D'ailleurs, l'arrivée d'un véhicule de tourisme est un événement qui bouscule la torpeur ambiante. On ose à peine y rester tant on a le sentiment d'être une pièce rapportée au décor et de perturber la quiétude des villageois alanguis, bercés dans leur *mesedoras* (chaises à bascule). A côté du parc central, on remarquera la petite église rose bonbon qui tranche joliment sur le bleu du ciel. L'un des points d'intérêt de San Rafael de Yuma est le musée Ponce de León. Cette demeure carrée a été construite entre 1505 et 1506 par Juan Ponce de León avant qu'il ne quitte son paisible village d'Espagne, en 1508, pour se lancer à la conquête de Porto Rico (*Borinquen* en langue indienne), puis, en 1513, à la découverte de la Floride. L'édifice est situé à l'écart du village, au bout d'une piste de 2 km en assez bon état.

Boca de Yuma

Boca de Yuma est un havre de paix. C'est aussi un cul-de-sac, car la route récemment bitumée y achève sa course à l'embouchure du fleuve Yuma. Le village se termine par une petite falaise qui domine la mer. Tout y est calme. Le bruit du ressac rythme la vie de la communauté de pêcheurs, tandis que les femmes paressent devant leurs portes et que les enfants jouent dans la rue déserte où chiens et cochons se chauffent au soleil dans la poussière. Le soir, tout s'anime autour du bar-*terrazza* local. La bière et le rhum se mettent à couler et les hommes jouent au billard sur une musique de *mérengué*. Aucun pont ne mène à la rive orientale du Yuma, où s'est développé un petit hameau. Mais si vous offrez une vingtaine de pesos à un pêcheur, il se fera un plaisir de vous prendre dans sa barque… avec l'âne, le cochon ou le coq de son voisin paysan. Sur l'autre rive, un étroit sentier longe la falaise. Dix minutes de marche vous conduiront sur une plage de rêve, totalement sauvage et ombragée de cocotiers, où les vaguelettes translucides viendront doucement lécher vos pieds enfouis dans le sable blanc. Aucun bruit, si ce n'est le chant des cigales, des oiseaux et le clapotis de la mer… Avec un peu de chance, vous serez là pour l'événement de l'année : le grand tournoi annuel de pêche sportive qui électrise le village pour quelques jours. C'est en effet dans ces eaux qu'abonde le marlin bleu.

GROTTE DE VERNA

La région foisonne de grottes qui ont autrefois abrité des Taïnos. Bien que vivant peu dans les grottes, les Indiens les utilisaient comme base pour les parties de pêche ou pour stocker du matériel. La plus célèbre de l'endroit était la maison d'un cacique dont le toit s'est écroulé. On peut encore voir d'anciennes inscriptions indiennes sur ses parois. Des enfants vous y conduiront à pied pour quelques pesos et vous proposeront des débris de poteries dont certains pourraient bien être authentiques, mais méfiance, car comment faire la différence entre le vrai et le faux ?

La côte des cocotiers

Cette bordure côtière s'étend à l'est et au nord de la ville de Higüey sur une quarantaine de kilomètres, suite ininterrompue de plages de sable blanc immaculé, bordées de cocoteraies se déroulant à l'infini. Desservie très tôt par un aéroport international et vierge de villes ou de villages côtiers, la région est devenue le lieu de prédilection du todo incluido *(tout-inclus) et le pôle de développement privilégié du tourisme. Les complexes hôteliers d'une taille résolument gigantesque continuent à y fleurir et à prospérer en bordure d'une mer émeraude, constituant autant de camps retranchés d'un tourisme exclusivement balnéaire. Ici, pas vraiment de contact avec une quelconque population locale, une tradition culturelle, une réalité sociale ou une curiosité géographique, à moins de partir en excursion, ce qui demande du temps puisqu'on est loin de tout. En revanche, question plages, on peut assurer sans risque qu'elles sont parmi les plus belles des Caraïbes, toutes de sable blanc et fin, bordées par une calme mer turquoise et frangées d'un épais rideau de cocotiers.*

Higüey

À 145 km de Santo Domingo, Higüey est la capitale de la province de La Altagracia. C'est par elle que vous aurez accès aux grands centres touristiques de la côte des cocotiers, Punta Cana et Bavaro. De tradition agraire, la ville prospère grâce à son élevage et à la culture des oranges. Par ailleurs, une zone franche importante y a été créée en avril 1990. Active en dépit de la forte chaleur qui y règne, la ville ne présente pas d'intérêt particulier et ne mérite qu'une visite rapide.

Higüey, dont le nom signifie « soleil » en taïno, a été fondée en 1504 par Nicolas de Ovando afin de consolider la domination espagnole sur l'île. Elle fut peuplée par Juan Ponce de León, le conquistador de Puerto Rico, et connut rapidement une intense activité économique. Les fidèles avaient coutume de prier la Vierge Marie dans une église gothique édifiée entre 1567 et 1571, la première dédiée dans le Nouveau Monde. La ville est aujourd'hui le centre religieux le plus important du pays.

Plage dorée de Punta Cana.

On y honore la Vierge de Altagracia, patronne de la République, prodigue en miracles. Un tableau du XVIe siècle qui la représente est devenu un objet d'adoration. Chaque année, le 21 janvier, les pèlerins affluent de tout le pays pour lui rendre hommage.

NUESTRA SEÑORA DE LA ALTAGRACIA

Un ambitieux concours international d'architecture fut lancé en 1947 pour la création d'un nouveau lieu de culte pouvant contenir 3 000 fidèles. Les résultats ont été à la hauteur des espérances… Les lauréats, deux architectes français, A.-J. Dunoyer de Segonzac et Pierre Dupré, ont posé la première pierre en 1954. En 1965, on y plaçait le maître-autel et, en 1968, les magnifiques vitraux réalisés à Chartres. Enfin, le 21 janvier 1971, l'ensemble fut inauguré et déclaré cathédrale, basilique et monument national. Construite en béton armé pour résister aux cyclones, la basilique comporte un arc de 80 m de hauteur qui la signale de loin à l'attention des pèlerins. Son carillon est l'un des plus imposants d'Amérique latine. L'ensemble, assez incongru dans le paysage, est une curiosité architecturale qui présente une esthétique toute particulière... A l'entrée de la basilique, de nombreuses échoppes bigarrées vendent au prix fort tout le bric-à-brac traditionnel des lieux de pèlerinage, cierges, images pieuses, médailles, statuettes et autres objets du même genre.

Otra Banda

À 5 km en direction de Punta Cana, la route passe par la petite bourgade de Otra Banda, connue pour être la cité la plus propre et la plus colorée

© AUTHOR'S IMAGE

De nombreuses activités nautiques sont proposées sur les plages de Punta Cana.

du pays. La ville est un exemple d'architecture créole traditionnelle et les habitants sont fiers d'entretenir leur village bigarré comme un joyau. Roses, vertes, bleues, jaunes, les maisons de bois rivalisent de tons vifs, éclatants, et de contrastes. Les fleurs et les plantes tropicales multicolores ornant les façades donnent à l'ensemble un aspect de décor naïf. Juste avant d'arriver à Otra Banda, vous trouverez sur la gauche un bâtiment aux volets colorés, desservi par un parking et repérable au grand panneau « Centro de Arte ». Si vous êtes intéressé par la civilisation taïno, tentez votre chance malgré des horaires d'ouverture un peu incertains. C'est le tout jeune musée Sanctuario Taïno Cayacoa, créé en 1997 par Ramon, un passionné de la civilisation taïno. Cet archéologue amateur, qui a effectué des fouilles pour son propre compte, en particulier dans la région de Miches, présente une belle collection de poteries, d'objets et de statuettes en pierres et en os.

Punta Cana

ZONE HOTELIERE
Bavaro Shopping Center
Centre de Santé
Terminal de Bus
EL CORTECITO
Casino de Bavaro, plage, golf & Centre de Conventions
Golf
CEBEZA DE TORO
Club nautique
Musée du Cigare
Golf
Police
Station service
Aéroport de Punta Cana
CABO ENGAÑO
Golf
Marina
vers Cap Cana
0
3 Km.
Curiosité
Musée
Centre de santé
Terminal de bus
Police
Punta Cana

Eaux cristallines de Playa Bavaro.

Longue plage bordée de cocotiers à Playa Bavaro.

Punta Cana

Punta Cana est connue comme le pôle du développement touristique du tout inclus en République dominicaine. Si Punta Cana est le nom généralement donné à toute la région, il n'en désigne concrètement qu'une partie. La côte se découpe en plusieurs zones, Punta Cana, Cabeza de Toro, Bavaro. Punta Cana n'offre pas le visage accueillant de la zone mitoyenne de Bavaro, plus vivante. Punta Cana égrène des complexes hôteliers haut de gamme le long d'une route qui interdit tout accès à la plage.

Playa Bavaro.

Playa Bavaro - El Cortecito

La zone de Bavaro est étendue et compte de nombreux resorts en formule tout inclus. La longue plage, bordée de cocotiers, est ponctuée de petits marchés d'artisanat, de bars et de restaurants. Un gros marché d'artisanat y regroupe des boutiques où peintures haïtiennes, sculptures, céramiques et paréos en tout genre attendent preneur. Sur la plage, de nombreuses échoppes exposent également toute la bimbeloterie et les souvenirs classiques de l'artisanat dominicain et haïtien. Tout y est un peu surévalué, car c'est le lieu d'achat des touristes des complexes voisins, le marchandage est donc de mise. Des Haïtiennes aux mains habiles vous proposeront de tresser vos cheveux pour une poignée de pesos, ou des massages pour les plus aventureux...

L'Ouest

San Cristóbal

La route qui relie San Cristóbal à la capitale est en excellent état. A la sortie de Santo Domingo, vous ne manquerez pas la grande fresque à la mémoire de Trujillo réalisée par Silvano Lora. La ville de San Cristóbal doit son nom à la forteresse érigée sur l'ordre de Christophe Colomb sur les rives du fleuve Haina. C'est là que, dès les débuts de la colonisation, démarra l'exploitation des mines d'or alluviales qui alimentèrent les caisses des Rois Catholiques. C'est à San Cristóbal qu'a été signée la première constitution de la République dominicaine, le 6 novembre 1844. Le « bienfaiteur de la patrie », le généralissime Trujillo, y est né en 1892. En conséquence, la ville sera particulièrement chérie durant tout le règne du dictateur. Elevée au rang de province en 1934, San Cristóbal reçut le titre de ville d'honneur en 1939. Aujourd'hui, c'est une coquette petite bourgade créole, active et chaleureuse. Chaque année, les 6 et 10 juillet, les fêtes patronales sont animées par les danses du carabiné au son des tam-tams d'origine africaine. Les *pasteles en hojas* (pâtés de viande, oignons, épices… enrobés de feuilles de bananier) sont la spécialité culinaire de la ville. San Cristóbal ne présente aucun intérêt touristique majeur justifiant d'y passer la nuit. On peut même contourner la ville en prenant l'*autopista* reliant Santo Domingo à la région du Sud.

CASA DE CAOBA

Pour les curieux de l'époque Trujillo, la résidence champêtre du dictateur, autrefois toute revêtue d'acajou à l'intérieur, contient une importante collection d'objets lui ayant appartenu. On la trouve à quelques kilomètres de la ville, au bout d'une piste caillouteuse qui devrait être restaurée. Elle n'est ouverte que sporadiquement.

GROTTES DU POMIER

Découverte en 1851 par un consul britannique, cette formation géologique composée d'une centaine de grottes contient un intéressant témoignage de l'art rupestre taïno. Plus de 6 000 pétroglyphes y représentent des poissons, des reptiles, des figures humaines.

L'Ouest

Padre de las Casas
Las Yayas de Viajama
AZUA
Peralta
Tabara Abajo
Los Jubillos
Azua de Compostelle
Estebanía
Las Charcas
Rosario
BAHIA DE OCOA
Punta Vieja
Playa Caobita
Palmar de Ochoa
Sabana Buey
Villa Fundacion
Las Salinas
Punta Salinas
Las Calderas
Sabana Larga
SAN JOSÉ DE OCOA
San José de Ocoa
Nizao
El Rosalito
Los Cacaos
Villa Alttagracia
SAN CRISTOBAL
Lac San Cristobal
PERAVIA
Bani
Villa Sombreiro
Matanzas
Playa Bani
Santana
Nizao
Sabana Grande de Palenque
Playa Palenque
Punta Palenque
Yagnate
Playa Najayo
Cambita Garabitos
San Gregorio de Nigua
SAN CRISTOBAL
Bajòs de Haina
Pedro Brand
Los Alcarrizos
Vers Santo Domingo
SANTO DOMINGO
Altitude (en mètres)
1000
500
200
N
0
15 km

La papaye est un délice pour les papilles.

Les grottes abritent de grandes colonies de chauves-souris et auraient été le lieu de vénération pour les Taïnos qui y effectuaient des rites. La richesse inouïe des œuvres rupestres couvrant les parois de ces grottes fait de la zone la capitale préhistorique des Antilles. Aujourd'hui, seulement 30 % du site est habilité à la visite. Au cours des décennies passées, la récolte du *guano* des chauves-souris dans les grottes a fortement endommagé ces témoignages précieux de la vie à l'époque préhistorique.

Bani

Bani est la capitale de la province de Peravia Bani. Son nom, qui signifie « abondance d'eau », lui a été donné en l'honneur du cacique taïno Bani, adjoint de Caonabo. La région est riche. Ses principales ressources agricoles sont la canne à sucre, le café, les bananes ainsi qu'une variété rare et très prisée de mangue rouge. On y produit du sel en abondance et les marais salants donnent aux paysages un aspect un peu désolé. Fondée en 1764, la ville a la réputation d'être l'une des plus prospères du pays. Elle est en effet coquette et bien entretenue. Maximo Gómez, libérateur de Cuba et compagnon d'armes de José Martí, y a vu le jour le 18 novembre 1836. Bani mérite un arrêt pour ses spécialités de *dulces de leche*, confiseries locales à base de lait de chèvre et de sucre, nature ou parfumées à la noix de coco, à la mangue, à la banane. Les forcenés de visites culturelles découvriront Nuestra Señora de Regla, une petite église simple et rustique. On visitera éventuellement le musée municipal, dans la rue éponyme. Sans véritable intérêt, il expose à partir de reproductions quelques scènes piquantes de la vie de Maximo Gómez.

Las Salinas

La route de 20 km menant de Bani au village de pêcheurs de Las Salinas a été récemment refaite. C'est, après la base militaire de Las Calderas, la base navale la plus importante du pays.

D'ailleurs, vous ne pouvez pas manquer l'inscription en pierres blanches sur le flanc de la colline : « Marine de guerre, une profession honorable ». Une route de 4 km, bordée de marais salants, conduit à la plage à travers des espaces désertiques et des dunes rappelant quelque peu la Camargue. Quelques barques de pêcheurs se balancent doucement sur l'eau, la lumière est vibrante et l'endroit paisible possède un charme magique. Une étroite plage de sable gris borde la baie profonde de Calderas, où vous pourrez pratiquer la pêche sous-marine et surtout la planche à voile, car des vents puissants balaient parfois l'anse. La minuscule bourgade de Punta Salinas vit loin de toute agitation touristique et s'anime surtout le week-end, quand les citadins envahissent la plage. Le village se résume à quelques bicoques de pêcheurs sommeillant au bord d'une mer d'huile, à peine ridée par le passage d'une vieille barque, où rien ne vient troubler le silence. Une halte idéale pour les amoureux de la solitude. Au bout du village, d'immenses tas de sel attendant d'être embarqués rappellent l'autre activité du village.

Azua de Compostelle

Fondée en 1504 par Diego Velázquez de Cuéllar, le conquérant de Cuba, la ville obtint son blason d'armes le 7 décembre 1508. Hernán Cortez y vécut en exerçant le métier de notaire, avant de partir conquérir le Mexique. La ville connut l'honneur d'être élevée au rang de province en 1845. Sa destinée lui valut d'être détruite par le feu à trois reprises. C'est Jean Dessallines qui, le premier, voulut qu'on la brûle durant l'invasion haïtienne de 1805. Puis, le chef haïtien Charles Herald récidiva lors de sa défaite contre l'armée dominicaine, le 19 mars 1844, à l'issue de la bataille de San José. Enfin, le président haïtien Faustino Soulouque ordonna sa destruction par le feu après la défaite d'El Numero, en 1849. Le vieux port d'Azua servait, comme celui de Santo Domingo, à l'exportation et à l'importation de marchandises ; c'est de là qu'en 1798 les restes de Christophe Colomb seraient partis pour leur exil à La Havane, lors de l'occupation du pays par la France. A l'entrée de la ville, une statue honore la mémoire du cacique Enriquillo, le chef taïno le plus vénéré, qui résista longtemps à l'envahisseur espagnol, avant de mourir le 27 septembre 1535. La spécialité locale est le fromage de chèvre de tradition espagnole qui se consomme avec une galette de manioc (*casabe*).

San Juan de la Maguana

La capitale de la province du même nom est située dans une vallée très fertile où le café pousse en abondance ainsi que le maïs, le riz et les bananes vertes. Dans ce gros bourg agricole qui centralise les activités de la région, de belles maisons victoriennes témoignent d'une prospérité encore évidente aujourd'hui. San Juan est un centre historique de la culture taïno. On y célébrait de nombreuses cérémonies. On peut encore voir dans les environs un large cercle de terre entouré de pierres, probablement reconstitué, appelé El Corral de los Indios et servant de lieu de rassemblement aux Indiens. Selon la légende, la reine Anacoana avait coutume de se tenir assise sur la pierre centrale. La ville est la principale porte d'accès à Comendador, le poste frontière, dernière étape avant Haïti.

Le Sud-Ouest

Entre Azua et Barahona, la route est magnifique. Elle part à l'assaut de collines désolées et désertiques. Les paysages arides possèdent une végétation de cactus qui hérissent les collines à l'infini. Les villages de bicoques de bois ont un vague air africain. A partir de Canoa, le paysage vire de nouveau au vert, la végétation retrouve sa richesse et sa densité tropicale, et l'air se fait plus humide. La région du Sud-Ouest échappe encore miraculeusement au développement touristique envahissant à grands pas le pays. C'est une région d'une très grande biodiversité, véritable paradis de l'écotourisme. De nombreuses rivières aux eaux fraîches et limpides viennent se jeter dans la mer en formant des balnearíos, petits lacs, où la baignade dans l'eau douce est fort agréable. Les terres riches produisent café, canne à sucre, sel, raisin et bananes plantains, tandis que le sous-sol regorge de gypse, de bauxite et d'onyx.

Barahona

L'histoire de cette ville, la plus importante de la péninsule, remonte au tout début du siècle passé. A cette époque, quelques familles de négociants en bois précieux s'établirent sur les rives du fleuve Biran. C'était en 1802. La ville se développa grâce à sa position privilégiée entre mer et rivière. La province de Barahona appartenait au cacigazco de Jaragua avant l'arrivée des Espagnols. Enriquillo, qui tint en échec les *conquistadores* espagnols, reste un personnage historique de la ville et de la région. La zone obtint le statut de province en 1907. En 1927, la première compagnie de transports maritimes des Antilles établissait une liaison entre Sainte-Croix et Port-au-Prince, San Juan et Porto Rico, Santiago de Cuba et Saint-Thomas. Barahona a gardé tout son charme de petite ville provinciale traditionnelle. Hélas, l'invasion touristique menace… même si aujourd'hui encore elle a gardé son charme de petite ville provinciale où les habitants et les quelques touristes se déplacent à moto.

MALECÓN

Ici, il s'appelle l'avenue Enriquillo. Les couples d'amoureux et les jeunes gens s'y promènent lentement le soir, tout en dégustant inévitablement les fritures et les boissons. Plus au sud, toujours dans l'avenida Enriquillo, les bourgeois veillent dans leurs superbes maisons face à la mer. La plage de Barahona, moins gracieuse que ses petites sœurs du Sud, ne donne pas directement sur la mer, mais sur une lagune peu propice à la baignade, où l'eau stagne.

MARCHÉ

Mugissements de klaxons, braiments des mulets et accords de *mérengué*, couleurs crues sous le soleil de plomb, odeurs de friture, parfums des fruits tropicaux, c'est la côte caraïbe chatoyante et turbulente. Vous trouverez tout ce que vous ne cherchez pas dans ses ruelles poussiéreuses : batteries de cuisine, vêtements d'occasion, bassines en plastique aux couleurs vives…

San Juan de la Maguana
SAN JUAN
El Cercado
Hondo Valle
Vallejuelo
Yaque del Sur
Sierra de Neiba
Descubierta
Postrer Rio
Los Rios
Neiba
Galvan
BAHORUCO
Lago Enriquillo
mani
Tamayo
Duverge
Laguna Rincon
Palo Alto
Bahia de Neiba
INDEPENDENCIA
Las Salinas
Cabral
Barahona
Sierra de Bahoruco
1630
Mencia
Bahoruco
Polo
BARAHONA
La Cienaga
Pedernales
Pluya San Rafael
Paraiso
PEDERNALES
Playa Los Patos
Cabo Rojo
Cabo Rojo
Enriquillo
Bahia de Las Aguilas
Oviedo
N
0
15 km
Cabo Falso
Laguna Oviedo
Altitude (en mètres)
1000
500
200
C. de la Beata
Cabo Beata
Isla Beata
C. de Alto Velo
Le Sud-Ouest

■ **PARC CENTRAL**

Comme partout ailleurs en République dominicaine, il est le cœur battant de la bourgade, encadré de jolies et pittoresques maisons de bois de style victorien aux couleurs pastel. La vieille poste aux comptoirs de bois mérite le détour, mais vous aurez de la chance si vous y trouvez le moindre timbre !

De Barahona à Jimani

L'excursion autour du lac Enriquillo se fait dans la journée. Si on veut visiter le lac et l'îlot central, il faut partir tôt le matin. On peut faire le tour du lac en allant jusqu'au poste frontière de Jimani. L'itinéraire proposé passe d'abord par la rive nord, fertile et ponctuée de petits villages charmants et de nombreux *balnearíos*. On revient vers Barahona par la rive sud du lac, région aride quasiment déserte, et seulement hantée par les cactus.

La région de Barahona est recouverte de cactus.

Cabral

Situé à une quinzaine de kilomètres de Barahona, ce petit village est célèbre pour sa lagune, riche en gibier à plume. C'est un rendez-vous de chasseurs, très fréquenté en période d'hiver. Cabral possède une solide tradition carnavalesque. Une fois par an, les *cachuas*, des hommes déguisés en effrayants diables à cornes, déboulent en hurlant le long des rues, du vendredi saint au lundi de la Résurrection.

La route du Nord

La route de la rive nord du lac passe par le *balnearío* de Boca de Cachón et le village de Neiba. Elle traverse les voies ferrées qui desservent d'interminables champs de canne à sucre. Avec un peu de chance, vous verrez les coupeurs de canne haïtiens courbés sur leur machette et les chariots tirés par des bœufs se remplir avant de déverser leur chargement dans les wagons.

➜ **Le village de Neiba** possède son *balnearío*, Las Barias, dont les eaux fraîches attirent les baigneurs locaux. Un (modeste) hôtel-restaurant, le Babey, accueille les visiteurs.

➜ **Dans le village de Los Ríos,** un petit musée rural, abrité dans une petite maison bleue, expose des instruments agraires. Il n'ouvre que de façon erratique et à la demande.

➜ **Vous poursuivrez jusqu'à La Descubierta,** célèbre pour son *balnearío* Las Marias et son eau douce et fraîche propice aux baignades. Le son du *mérengué* vous attirera comme un aimant vers les bars alentour.

Lac Enriquillo

Ce lac, le plus grand des Antilles, a été déclaré parc national. C'est une véritable mer intérieure de 200 km² dont les alentours arides donnent une impression de grande désolation. Ce lac est le reste d'un ancien canal qui unissait la baie de Neiba à la baie de Puerto Principe, à Haïti. Si la partie sud du lac est isolée, la partie nord, elle, est plus peuplée. Ses eaux, trois fois plus salées que celles de la mer des Caraïbes voisine, se situent à une altitude de moins de 40 m au-dessous du niveau de la mer. Le soleil intense et le sel blanchissent le bois jusqu'à le rendre immaculé. Trois îles occupent le centre du lac : Isla Cabritos, Isla Barbarita et Islita. La plus grande des trois, Isla Cabritos (24 km², 12 km de long sur 2,5 km dans sa partie la plus large), est également un parc national ; la faune et la flore y sont protégées. C'est de nos jours, la plus grande réserve au monde de crocodiles américains, une espèce en voie de disparition qui compte environ 200 individus. On y trouve aussi plus de 60 espèces d'oiseaux, parmi lesquels des flamants roses. 106 espèces de plantes y ont aussi été répertoriées. Il est conseillé de se rendre sur l'île très tôt le matin pour pouvoir observer les animaux, qui se cachent du soleil à partir de 11h. Au cours d'une marche de 2 km sous un soleil de plomb, le guide vous emmènera à la rencontre des crocodiles, des iguanes et des flamants roses. L'endroit est fascinant de désolation, avec sa végétation pauvre de cactées et sa sécheresse extrême. Sachez que le lac sert de décor naturel au tournage de nombreux spots publicitaires. Au retour, vous aurez droit à une baignade vivifiante dans la piscine naturelle d'eau sulfureuse.

Jimani

Jimani est un poste frontière qui s'éteint doucement, surtout depuis que les échanges entre Haïti et la République dominicaine sont contrôlés. Avez-vous déjà vu ou entendu parler des *tap-tap* ? Ce sont ces camions haïtiens peints de scènes naïves aux couleurs vives et débordants de marchandises. Beaucoup font le plein d'objets artisanaux, et c'est par ce poste frontière qu'ils partent à l'assaut des marchés dominicains. Jimani n'offre au visiteur qu'un intérêt très limité.

En route vers le Sud

La route de la côte est en excellent état de Barahona jusqu'à Pedernales. Elle longe une mer d'un bleu intense qui scintille à travers sa frange de cocotiers. Les baies sont profondes, les falaises vertigineuses et la végétation luxuriante. Vous pouvez garder une allure de sénateur, car la route serpente au bas de la montagne, et la vue sur la mer et les plages est magnifique.

Bahoruco

Bahoruco est encore loin d'être une station balnéaire, tout juste une étape de charme au cours d'un voyage dans le Sud. Le village ne compte qu'une rue, une enfilade de maisons de bois colorées en façade, une autre le long de la rue principale. Quelques commerces, une école, un bar, l'inévitable disco terrazza, voilà Bahoruco. Les barques de pêche sont tirées sur la plage, envahie d'enfants et d'animaux en tout genre. Le village est devenu la capitale du larimar, car c'est là que l'on découvrit la première pierre de ce minéral.

La plage de Bahoruco cache dans son sable blanc des petites pierres de couleur turquoise. Si vous êtes amateur, vous pouvez en chercher dans le sable, armé de beaucoup de patience et de foi, ou tout simplement en acheter aux gamins qui déambulent sur la plage. On aperçoit de temps en temps des silhouettes fluo, luttant avec les rouleaux dans l'attente de LA vague. En effet, Bahoruco est aussi un spot de surf populaire dans le pays et où se déroulent des rencontres et des compétitions nationales.

San Rafael

Quelques kilomètres après Bahoruco, la route passe au-dessus de la rivière San Rafael dans un décor vert et touffu. Une cascade alimente un petit *balneario* repérable aux voitures garées attendant les baigneurs. A quelques mètres de là, une piste de terre abrupte monte à la Villa Myriam, une hacienda enclavée dans une nature tropicale exubérante, presque étouffante. Le portail de bois est souvent fermé, il faut se manifester bruyamment pour que le gardien des lieux, Papito, ouvre la porte. La rivière Majagual dévale les pentes de la montagne et forme d'impressionnantes cascades fraîches et des piscines naturelles, où il fait bon se délasser.

Los Patos

Ce *balnearío* se trouve à 40 km de Barahona. L'endroit présente une particularité géographique curieuse : un fleuve y prend sa source et se jette dans la mer 200 m plus loin, créant une immense et magnifique piscine naturelle

Le larimar ou la turquoise dominicaine

© MINISTÈRE DU TOURISME DE LA RÉPUBLIQUE DOMINICAINE

Larimar ou pectolite bleue.

L'institut de gemmologie des États-Unis l'a identifiée comme étant de la pectolite bleue et a défini son indice de réfraction, sa dureté et sa gravité spécifique. On la trouve exclusivement en République dominicaine, où elle fut découverte pour la première fois sur la plage de Bahoruco. Miguel Mendez, le premier artisan à avoir travaillé et commercialisé cette pierre en 1974, lui a donné une partie du nom de sa fille Larissa, à la racine de laquelle il a ajouté le mot mar, *pour la mer des Caraïbes dont elle semblait provenir, car les premiers spécimens ont été découverts sur la plage. Lorsqu'on remonta le lit du fleuve qui se jette dans la mer, après plusieurs mois de recherches, on localisa ces pectolites bleues dans les flancs de la colline des Filipinas, puis dans la sierra de Bahoruco. Ces petites pierres turquoise doivent être polies avant d'être taillées et serties dans des montures d'or ou d'argent.*

© ATAMU RAHI - ICONOTEC

Lot de poissons fraîchement pêchés !

d'une eau translucide. Le *balneario* de Los Patos est célèbre dans toute la région et bien aménagé. De nombreux Dominicains y font une trempette dominicale au son du *mérengué* distillé par les buvettes voisines. De petits stands de friture proposent une restauration de base.

Enriquillo

La route du Sud traverse ce petit village oublié, assoupi au bord d'une mer turquoise ourlée d'une côte rocheuse découpée. Les points de vue sont exceptionnels. A cet endroit, la mer est parfois forte et moutonne. Les quelques hôtels locaux au bord de la route sont d'un confort sommaire. On y entend la nuit le murmure de la mer et le bruit des voitures au petit jour.

Parc national de Jaragua

Situé dans l'extrême Sud-Ouest du pays, en lisière de la frontière haïtienne, ce parc national magnifique, mais peu fréquenté, se trouve en dehors de tous les itinéraires touristiques classiques et les infrastructures y sont peu développées, pour ne pas dire inexistantes. La route est assez dangereuse, toute en courbes, et les animaux, laissés en totale liberté, déboulent à tout moment devant vos roues. Mais le paysage presque désertique est superbe et intact.

La plage de Las Aguilas

Magnifique et totalement vierge, mais pour combien de temps encore ? On ne peut l'atteindre qu'en 4x4 au terme d'une piste caillouteuse en piètre état, avec une descente particulièrement éprouvante. La poignée de pêcheurs du hameau de Las Cuevas vit dans des grottes creusées le long des parois rocheuses. La pêche, notamment à la langouste et au lambi, est l'unique ressource du coin. Les rares visiteurs sont bien accueillis et se verront proposer de merveilleux coquillages nettoyés et vernis, en guise de souvenirs. On peut aussi louer les services d'un pêcheur pour une balade en bateau ou une partie de pêche.

Isla Beata

L'île, aujourd'hui totalement déserte, était jadis le refuge du légendaire pirate Cofresi. On raconte qu'il y aurait enfoui un trésor qui n'a pas encore été découvert. Bonne chance ! Isla Beata est aujourd'hui le refuge d'une race d'iguanes protégée et une zone de pêche.

Le Nord

En quittant Santo Domingo, la route du Nord passe par l'agglomération de Villa Altagracia, une ville industrielle grouillante d'activité, au trafic dense et bruyant, bref sans aucun intérêt. Mais quand vous l'avez dépassée, le paysage s'améliore pour devenir de plus en plus spectaculaire, voire grandiose. Au loin se dressent les premiers contreforts de la cordillère centrale, doux vallonnements piquetés de cocotiers puis de résineux, alors qu'au premier plan s'étendent les riches plaines de la vallée du Cibao.

Yamasa

En quittant Santo Domingo par Villa Mella, on atteint Yamasa, du mot *arawak* qui signifie « terre humide ». Yamasa est une étape campagnarde intéressante. La région est riche en vestiges, véritable mine pour les archéologues en quête de témoignages de la civilisation taïno. C'est aussi une région qui compte de nombreux gisements d'argile de différentes couleurs.

Cotuí

Cotuí est l'une des plus anciennes cités de l'île. Sa construction remonte aux premières décennies du XVIe siècle, alors que les Espagnols commençaient déjà à éventrer la terre pour y chercher de l'or. Ils ne s'étaient pas trompés. Les collines de Pueblo Viejo Cotuí sont les plus grandes mines à ciel ouvert du monde. L'énorme gisement de roches volcaniques, minéralisées sous l'action de l'air et des bactéries, contient du cuivre, du zinc, de l'argent et de l'or. La mine s'étend sur 20 km² de collines dévastées, chauves et érodées, reboisées au fur et à mesure de leur exploitation. En 1979, l'exploitation d'or et d'argent a repris sous la direction du gouvernement dominicain dans les deux principaux gisements. Gardée en permanence par un détachement militaire, la mine, qui contient sept fois plus d'argent que d'or, n'emploie plus d'ouvriers. Elle tombe petit à petit en ruine attendant les investissements étrangers (les Canadiens sont sur les rangs) pour redémarrer cette activité autrefois prospère. La région est également la réserve en riz du pays. Partout, les silos à riz hérissent le paysage de leur silhouette austère. Les rizières déploient leurs champs vert tendre le long des routes. Le cacao, l'ananas, le café et la production bovine contribuent aussi à l'économie locale. Le barrage a été construit il y a trente ans, au terme d'une construction qui a duré huit années, pour l'irrigation de la région. Cotuí est une petite cité coquette et animée, plutôt prospère. Vous pénétrerez sous une voûte glorieuse de flamboyants et, pour ne pas vous dépayser, vous trouverez le parc au centre de la ville, flanqué de son église blanche.

Le Cibao

Vous entrez dans la région du Cibao, dont le nom taïno, *ciba*, signifie « altitude et montagnes ».

Le Nord
Altitude (en mètres)
1000
500
200
0
40 km
OCEAN ATLANTIQUE
HAÏTI
Cap Isabela
Bahia de la Isabela
Bahia de Manzanillo
Cabo Macorís
Cabo Frances Viejo
Montecristi
Punta Rucia
Lupéron
Puerto Plata
Sosua
Cabarete
Rio San Juan
Cabrera
MONTE CRISTI
Villa Vasquez
Castañuela
Yaque del Norte
Pepillo Salcedo
Las Matas de Santa Cruz
Guayubin
Los Hidalgos
Guananico
Cordillera Septentrional
Imbert
PUERTO PLATA
Altamira
Laguna Salada
VALVERDE
Esperanza
Mao
1249 Pico Diego de Ocampo
Jamao al Norte
Gaspar Hernandez
ESPAILLAT
MARIA TRINIDAD SANCHEZ
Dajabón
Partido
Sabaneta
SANTIAGO RODRIGUEZ
SANTIAGO
Moca
SALCEDO
El Pino
Loma de Cabrera
Los Almácigos
Jánico
San José de Las Matas
Cayetano Germosén
Salcedo
Tenarés
El Factor
San Francisco de Macoris
Villa Tapia
DUARTE
DAJABÓN
Camú
La Vega Real
Castillo
Villa Riva
Las Guaranas
Restauracion
Parque Nacional Armando Bemúdez
Jarabacoa
Pimentel
Jima Abajo
Fantino
Rincón
LA ESTRELLETA
Cordillera Central
Mamabao
Cotui
Pedro Santana
Pico Duarte 3175
Banica
LA VEGA
MONSIÑOR NOVEL
SANCHEZ RAMIREZ
SAN JUAN
Bonao
El Rio
Cevicos
Parque Nacional J. del Carmen Ramirez
Constanza
Comendador
Elías Piña
Piedra Blanca
MONTE PLATA

Plantation de tabac dans la vallée du Cibao.

Berceau de légendes et de traditions, comme le prouvent ses carnavals fameux, ses danses traditionnelles et son langage particulier difficilement compréhensible (où les *i* remplacent les *l* et les *r*), la région de Cibao occupe la partie centrale de l'île et réunit les provinces de Santiago, de Monseñor Nouel, de Duarte, d'Espaillat, de La Vega, de Sánchez Ramirez et de Salcedo. La vallée du Cibao, qui a la réputation d'être l'une des plus fertiles du monde, est le principal fournisseur de produits agricoles et alimentaires du pays. A proximité de la cordillère centrale, se trouvent les grandes mines d'or, d'argent, de fer et de nickel.

Bonao

Entourée de beaux paysages et de nombreux *balnearíos*, la capitale de la province de Monseñor Nouel porte le doux surnom de ville des Hortensias. La ville s'est développée à partir d'un fort construit à la requête du Grand Amiral, au début de la Conquête en 1493. Le premier traité de paix d'Amérique s'y négocia entre les émissaires de Christophe Colomb et l'insurgé Francisco Roldán. Plus tard, et ce fut moins glorieux, la ville devint propriété privée d'un des frères de Trujillo qui y établit son armée personnelle, Los Cocuyos de la Cordillera. Il ne s'était pas trompé, car la région est riche de ses rizières, de son élevage bovin, de ses gisements de fer et de nickel. Spécialisée dans l'artisanat de la céramique, c'est la ville où est né le peintre Candido Bido. Celui-ci, fidèle à ses origines, y a créé la Fundación Bonao para la Cultura, qui gère une école d'art. Les étudiants venus de tout le pays y apprennent la peinture, la danse, la musique et la sculpture.

La Vega

La vallée de La Vega Real est aussi connue sous le nom de jardin des Antilles, c'est dire si elle est fertile, verdoyante et prospère. Comme à Cotuí, on y est accueilli sous la cathédrale rouge feu du feuillage des flamboyants. Comme Cotuí, La Vega est également l'une des plus vieilles villes du pays (XVe siècle). Et comme l'histoire a parfois tendance à se répéter, surtout lorsqu'il s'agit de tenir fermement ses positions, la construction d'un fort en marqua l'origine. La ville se développa si rapidement qu'elle devint en peu de temps la plus importante de l'île et le roi y autorisa même l'ouverture d'un *prostibulo* (bordel). La première plantation de canne à sucre du pays y vit le jour. Au début du XVIe siècle, La Vega fut élevée au rang d'archevêché, partageant cet honneur avec Santo Domingo, puis obtint son blason en 1507. Déjà bénie des dieux, elle jouissait d'un climat si agréable que les vice-rois Diego Colomb et María de Toledo en firent leur résidence d'été. Sans oublier le père Bartolomeo de Las Casas, qui vécut dans le monastère San Francisco. En 1562, un tremblement de terre détruisit la ville. Ses ruines, situées au pied du mont Santo Cerro, font aujourd'hui l'objet de fouilles archéologiques. Reconstruite en 1563 sur les rives du fleuve Camu,

Le coup de cœur de Christophe Colomb pour le Cibao

« Au sortir d'Isabela, il traversa huit ou dix lieues d'un pays désert et qui lui parut stérile. Il entra ensuite dans une gorge de montagne très étroite, aboutissant à une grande et belle plaine, bien cultivée, arrosée d'un nombre infini de ruisseaux, et couverte de villages. L'entrée de ce canton, toute hérissée de roches nues et abruptes, est d'un aspect triste et sauvage ; mais on y respire un air très pur et la température y est extrêmement douce. Les naturels qui accompagnaient les Castillans leur faisaient ramasser de l'or à chaque pas… » Histoire descriptive et pittoresque de Saint-Domingue, *M. de Marlès, 1850.*

Au carnaval de La Vega.

la ville connut un important développement économique lorsqu'on construisit la ligne de chemin de fer, aujourd'hui désaffectée, La Vega – Sánchez. Ce fut la seule du pays à ne jamais transporter de voyageurs.

Dans les environs

■ SANTO CERRO

L'église, dite sanctuaire national de Nuestra Señora de Las Mercedes, date du siècle dernier et fait l'objet de nombreux pèlerinages. C'est au pied de la colline Santo Cerro que se produisit le combat décisif pour la conquête de l'île.

Au plus fort de cette bataille, dont l'issue était incertaine, Nuestra Señora de Las Mercedes apparut, donnant ainsi la victoire aux Espagnols contre les troupes du cacique Guarionex. On peut voir le lieu de l'apparition de la Vierge et l'endroit où Christophe Colomb planta la croix qui lui avait été donnée à son départ de Los Palos par la reine Isabelle la Catholique.

Jarabacoa

La seule région de l'île où les autochtones disent qu'elle bénéficie d'un éternel printemps. Attirés par son climat frais et moins humide, les riches Dominicains en ont fait depuis longtemps l'un de leurs lieux de villégiature privilégiés. A l'époque de la dictature, la région était très à la mode et les bonnes familles s'y firent construire de somptueuses maisons. C'était la destination des lunes de miel chics. Des années 1940 restent encore sur pied quelques bâtiments, dont les ruines du désuet hôtel Montana. Aujourd'hui, Jarabacoa est le centre de l'écotourisme dominicain. La région offre, outre la douceur de son climat et de son mode de vie, une large panoplie d'activités originales, rafting, descente de rivière, canyoning, deltaplane, quads... Une halte idéale pour se ressourcer, si vous êtes lassé des plages de rêve. La nature est particulièrement belle et généreuse dans cette région aux reliefs doux. Au cœur des montagnes coulent des rivières gonflées d'eau, parfois tumultueuses, des cascades vertigineuses créent des piscines naturelles fraîches et accueillantes et les lacs miroitent paisiblement au cœur des forêts de sapins. A mesure que la route s'élève, le paysage se transforme, le relief devient plus tourmenté. Les sapins remplacent vite la végétation tropicale et l'air se fait plus léger. Jarabacoa est une bourgade prospère et coquette, pleine de charme et de ressources.

■ ATELIER DE ROBERTO FLORES

Le peintre a élu domicile dans une maison de campagne à la sortie de la ville. Spécialiste des fresques monumen-

Jarabacoa, centre de l'écotourisme dominicain.

© SIR PENGALLAN - ICONOTEC

Cascade d'El Salto de Bayagate.

tales souvent d'inspiration religieuse, il exécute beaucoup de commandes officielles. Il vous fera découvrir son travail et les amateurs pourront acheter des esquisses en format réduit.

■ FABRIQUE DE CAFÉ HERMANOS RAMIREZ

La fabrique emploie une cinquantaine de personnes. On visitera une nursery de bébés plants qui seront transplantés en montagne entre 1 200 et 1 700 m d'altitude, dès qu'ils auront acquis la résistance suffisante pour se passer des soins des jardiniers, puis des silos de séchage naturel des graines récoltées à la main et l'usine proprement dite. La production est aujourd'hui très mécanisée. Différentes machines interviennent dans le processus, un four pour finir de sécher les grains, une machine pour écosser les graines, le tri des graines selon leur grosseur s'effectue par des plaques vibrantes tandis que la sélection par couleur se fait grâce à une reconnaissance par fibre optique. Le contrôle de qualité est rigoureux puisque la production de l'usine est principalement exportée vers l'Europe. Le café Montealto est cependant vendu dans le pays.

Dans les environs

■ EL SALTO DE BAYAGATE

Cette belle cascade a l'avantage d'être accessible par une piste carrossable avec, à son terme, une petite marche de dix minutes. Très impressionnant, El Salto de Bayagate se présente sous la forme d'une avalanche liquide d'une trentaine de mètres de haut, encadrée d'un amphithéâtre de verdure où les arbres fruitiers et les plantes aux vertus médicinales sont légion. La piscine naturelle est superbe. On peut aussi s'y rendre à cheval en deux heures, à moto ou en 4x4. Le Salto est aujourd'hui exploité pour l'irrigation des fermes voisines.

■ EL SALTO DE JIMENOA

La plus spectaculaire et la plus connue de la région, cette cascade se trouve à l'écart de Jarabacoa en pleine nature.

© AUTHOR'S IMAGE

Paysage champêtre dans les environs de Jarabacoa.

Elle est accessible par la route de La Vega, puis par une piste d'environ 8 km. Il faut ensuite longer un torrent par un sentier escarpé sur une centaine de mètres dans une chaleur qui devient vite accablante malgré l'altitude. On perçoit d'abord un grondement sourd et pesant dans la touffeur ambiante, puis la cascade se révèle dans toute sa splendide violence. La chute d'eau s'écrase dans une large vasque naturelle, au milieu d'un site majestueux malheureusement défiguré par la centrale hydroélectrique et les aménagements touristiques.

Constanza

Située en pleine cordillère centrale, toute la région de Constanza bénéficie du même climat de fraîcheur apaisante qui contraste agréablement avec la touffeur des plaines. Cette ville, la plus haute de République dominicaine, a même battu le record de froid des Caraïbes avec des températures inférieures à zéro ; un record de moins 8 °C a même été enregistré en 1999 à Valle Nuevo. Tout pousse sans peine dans ce verger particulièrement fertile : fruits et légumes, arbres et plantes de nos contrées (pommes, poires, pêches, fraises, framboises, champignons...) et autant de variétés de fruits et de légumes exotiques qui se développent sous ces latitudes tropicales.

Centre géographique de l'île, El Valle Nuevo possède une remarquable réserve de flore alpine, inattendue sous les tropiques, d'une grande valeur scientifique. Constanza est une étape de montagne déconcertante au cœur de paysages doucement vallonnés, noyés dans des forêts de sapins au pied des contreforts de la sierra toute proche. Avec un climat frais toute l'année et le

Excursion au Pico Duarte

Une sacrée marche et des moments mémorables ! L'ascension du plus haut sommet des Caraïbes, qui culmine à une altitude de 3 175 m, est une expérience inoubliable, mais non de tout repos. Les variations d'altitude et de température, la difficulté de la montée par des chemins à peine tracés et pentus, requièrent une excellente condition physique et une volonté de fer. La randonnée de 23 km s'effectue en une lente progression de deux à trois jours, dans un paysage montagnard tout à fait superbe qui n'est pas sans rappeler les paysages de Haute Provence. Le premier jour, on couvrira le trajet la Cienega – La Comparticion (2 450 m) ou le centre des visiteurs est une étape, et le second, La Comparticion-Pico Duarte.

développement de structures d'écotourisme, la région est devenue le must de la nouvelle vague du tourisme national chic. Il devient difficile de trouver une chambre dans les hôtels le week-end. Si vous n'êtes pas lassé des cascades de Jarabacoa, celle du Salto de Aguas Blancas à 20 km de Constanza, est, elle aussi, spectaculaire tout comme son délicieux *balnearío*. Les balades en montagnes, les excursions en 4x4 au fil des pistes qui partent à l'assaut des montagnes, la visite de potagers (ail, pommes de terre, brocolis, choux-fleurs...) et des domaines horticoles sont autant de suggestions pour découvrir la région.

Santiago

On arrive à Santiago par l'autoroute Duarte après avoir traversé la magnifique plaine vallonnée du Cibao, nom taïno signifiant « altitude et montagnes ». Santiago est le centre industriel du pays et la deuxième ville de la République dominicaine. C'est une ville prospère et progressiste d'environ 500 000 habitants. Elle est la capitale du rhum et du cigare !

■ CATHÉDRALE DE SANTIAGO APOSTOL

Aisément reconnaissable à ses deux tours, elle se dresse au coin du parque Duarte. Construite au XIXe siècle (de 1868 à 1895) dans un mélange de styles gothique et néoclassique, elle possède un autel d'acajou ainsi que de très beaux vitraux de l'artiste dominicain Rincón Mora. Et comme les Dominicains ne craignent pas la contradiction, la tombe du tyran Ulisses Heureaux voisine avec celles de nombreux héros de la guerre de Restauration !

■ CENTRO CULTURAL EDUARDO LEÓN JIMÉNEZ

L'ouverture de ce centre culturel ultramoderne a marqué le centenaire de l'entreprise La Aurora, fleuron du puissant groupe León Jiménez. La vocation du centre, qui se veut l'un des plus modernes des Caraïbes, est une sensibilisation de tous les types de public à l'art et à la culture dominicaine.

Santiago est la deuxième ville du pays.

Fabrique de cigares à Santiago.

Outre les expositions temporaires, trois expositions permanentes permettent de s'imprégner de l'âme dominicaine. Les parcours sont très didactiques et ludiques, et toutes les techniques modernes facilitent les approches. « Signes d'identité » propose une exposition d'anthropologie sensiblement équivalente à celle du musée de l'Homme dominicain de Saint-Domingue, avec la présence de témoignages de toutes les cultures ayant forgé la culture dominicaine ; on verra notamment une large collection d'objets de la culture taïno, de belles pièces récupérées des galions espagnols échoués dans les eaux dominicaines, une approche des origines africaines, du syncrétisme religieux et de la vie quotidienne au XIXe siècle. Genèse et Trajectoire (deuxième niveau) est une exposition d'arts plastiques contemporains ; sont présents quelques grands maîtres de la peinture dominicaine dont Jaime Colson. La famille Jiménez est mise à l'honneur dans l'exposition « Empreinte et Mémoire » (deuxième niveau de l'édifice réplique de La « Aurora ») qui retrace le trajet de cette famille de 1903 à 2003 au travers de documents et de photos, de l'achat des premiers terrains à l'internationalisation de ses produits. La médiathèque propose des connexions Internet et l'accès à de nombreux documents et archives. Enfin, pour clore la visite, une sympathique cafétéria propose des boissons et des salades aux noms taïnos.

■ DISTILLERIE DE RHUM

Toutes les distilleries de Santiago proposent la visite de leurs installations. Si l'expérience vous tente, la distillerie de rhum Bermudez est ouverte au public, du lundi au vendredi de 10h à 16h, (il faut acheter un permis spécial).

■ FABRIQUE DE CIGARES LA AURORA

Fondée par Eduardo León, la manufacture existe depuis 1903. Le groupe industriel, l'un des plus importants du pays, emploie 3 500 personnes. Il fabrique aujourd'hui des cigares (45 000 par jour) sous les marques

La Aurora et León Jimenez, des cigarettes (18 millions par jour) réservées à la consommation nationale (Marlboro et Nacional) et des bières (Presidente, Bohemia, Heineken, Lowenbrau, Miller, Malta Morena). Les cigares sont commercialisés à l'export à 90 %. Les plantations appartiennent au groupe qui achète aussi le tabac à de petits planteurs auxquels il propose une assistance technique. L'atelier de cigares emploie 150 personnes qui produisent chacune 250 cigares par jour. Les *tabaqueros* sont des ouvriers spécialisés qui gagnent environ 1 300 pesos par semaine. Le mélange employé pour la confection est du *chago diaz dominicano* et du *piloto cubano*. La feuille extérieure, la cape, est d'origine américaine (du Connecticut) et collée à la résine naturelle.

Histoires de café

Le café, classé au nombre des épices, est vieux de 1 500 années. Il fut découvert par le plus grand des hasards en Ethiopie. L'histoire dit qu'un jeune gardien de troupeau remarqua l'oxcitation et le dynamisme de ses chèvres qui avaient grignoté les baies rouges d'un arbuste. Les moines d'un couvent voisin firent une décoction des graines rouges et découvrirent les étonnantes vertus du breuvage qu'ils avaient testé. C'est la naissance du kawa, de l'arabe, excitant. En 1723, Gabriel de Clieu, un officier de marine français, en transporte quelques boutures en Martinique. A partir de là, le café se fraiera un chemin à travers toute l'Amérique. Plus tard, la concurrence des plantations extensives sud-américaines frappera de plein fouet l'économie caféière des Antilles.

© AUTHOR'S IMAGE

Monument aux héros de la Restauration de la République.

MONUMENT AUX HÉROS DE LA RESTAURATION DE LA RÉPUBLIQUE

Symbole de la ville de Santiago, planté au centre d'une esplanade fleurie, sur une colline à la périphérie du centre-ville, il fut érigé dans les années 1940 comme monument à la Paix de Trujillo. C'est une structure de marbre blanc de 67 m de hauteur surmontée d'une colonne. L'intérieur, décoré par l'artiste espagnol Vela Zanetti, comprend quatre niveaux abritant une série de petits musées sans réel intérêt. Il sert de point de repère à tous les habitants de la ville. De son sommet, on découvre une vue superbe de Santiago et de la vallée du Cibao.

MUSÉE FOLKLORIQUE TOMAS MOREL

Ce petit musée privé abrite une collection hétéroclite d'objets hérités du folklore et de l'histoire de la ville.

Des poteries taïnos aux objets religieux, en passant par le premier téléphone et le premier appareil photo de la ville ainsi que l'ancêtre de la calculatrice. Exposition des chars primés lors des carnavals *santiagueros* et de plus de 500 masques, dont les masques traditionnels de la région aux cornes hérissées de pointes, et également d'objets populaires de l'artisanat dominicain.

À savoir sur le cigare dominicain

Découvert à Hispaniola par les conquistadores, le tabac était consommé par les Indiens taïnos. Le tabac aux vertus multiples sert à soigner les blessures des flèches, il est utilisé lors des cérémonies religieuses – il permet des visions prémonitoires – et est indissociable des festivités. Dès 1531, les Espagnols commencèrent son exploitation commerciale. Le 26 août 1606, Philippe III d'Espagne interdit pour dix ans la culture du tabac dans les colonies du Nouveau Monde. Cependant, flairant l'aubaine financière, la couronne d'Espagne leva l'interdiction en 1614 et s'assura très vite le monopole de la commercialisation du tabac, au travers de la fabrique de Séville. Le premier monopole étatique du tabac était né. Et c'est en vertu de ce monopole royal que le prix d'achat était ridiculement bas. Si bas que les paysans vendaient leur tabac en contrebande aux corsaires et aux Français établis dans l'île d'Hispaniola. C'en était trop pour la couronne d'Espagne qui n'entendait pas être privée d'une partie de ses revenus. Elle fit volte-face et autorisa la vente de tabac aux Français, tout en se réservant les meilleures qualités. Tout d'abord considéré en France comme une plante décorative, le tabac sera popularisé par la cour de Catherine de Médicis, avant d'être interdit par Louis XIII.

PARQUE DUARTE

Cœur battant de la ville, ici c'est le rendez-vous des *Santiagueros*, le point de départ des taxis et des calèches, le lieu de travail des petits cireurs de chaussures et des vendeurs de billets de loterie. On peut y passer des heures à se reposer à l'ombre de grands arbres tout en observant l'agitation alentour. Au centre, le traditionnel kiosque de style victorien et, tout autour, de jolies maisons en bois ainsi que des rues piétonnes.

San José de Las Matas

La capitale de la Sierra Cibaeña est située en pleine cordillère centrale, à 38 km de Santiago, soit environ une heure de conduite. La route est en bon état, mais très sinueuse. Elle monte et plonge jusqu'à Janico, petit bourg tranquille et propret, plein de charme. Elle continue de grimper jusqu'à San José de Las Matas, vous faisant découvrir un panorama exceptionnel sur la montagne environnante et la vallée du Cibao. On est immédiatement séduit par l'aspect accueillant et coquet de San José de Las Matas, où l'air pur et frais de la montagne repose de la touffeur de la côte. Une évidente prospérité se dégage de ses maisons pimpantes, de ses rues propres, de ses boutiques coquettes. La richesse de San José de Las Matas ne lui vient ni de ses vergers (ses pommes sont réputées), ni de son artisanat traditionnel de rocking-chairs, mais bien des *remesas* c'est-à-dire du billet vert. Chaque famille a au moins l'un de ses membres émigré aux Etats-Unis. Et chacun d'eux contribue à faire vivre ceux qui sont restés au pays.

Centro de Recreo à proximité du Parque Duarte dans le vieux centre de Santiago.

Séchage des feuilles dans une plantation de tabac au nord du pays.

La côte d'Ambre

La région de la côte nord a été baptisée Costambar, côte d'Ambre, en raison de ses importants dépôts de résine fossilisée. Centre touristique historique du pays, elle court sur quelques 50 km de plages et d'hôtels, de Cofresi à Cabarete. Au risque de nous répéter inlassablement, rappelons que les plages sont très belles, de sable blanc et baignées d'eaux turquoise. La côte, parsemée de criques naturelles et de barrières coralliennes, est frangée de végétation tropicale et piquetée de lagunes côtières aux eaux fraîches et limpides.

Puerto Plata

Christophe Colomb découvrit l'enclave en 1492. Emerveillé par les reflets argentés de ses eaux transparentes, il lui donna son nom actuel. En 1496, son frère Bartolomeo Colomb, fonda officiellement la ville en la baptisant San Felipe de Puerto Plata. Elle se développa autour de son activité portuaire. En 1508, la Couronne espagnole lui octroyait son blason. Après une période de grande prospérité, la bonne étoile de Puerto Plata déclina au fur et à mesure que d'autres territoires étaient découverts sur le continent américain. Puerto Plata se tourna alors vers la contrebande, et ses habitants entretinrent des rapports étroits et commerciaux avec les pirates français et anglais. Pour y mettre un terme, et comme en ce temps-là on ne badinait pas avec l'autorité royale, moins d'un siècle plus tard la ville était évacuée et détruite sur l'ordre du roi d'Espagne. Reconstruite en 1742 par des familles venues des îles Canaries, la ville renaît de ses cendres et devient l'une des plus importantes du pays. Cette prospérité, elle la doit en partie à son port, par lequel s'écoulent les produits agricoles de la vallée du Cibao. C'est de cette époque que datent les belles demeures victoriennes du centre.

Le développement touristique de la ville de Puerto Plata, surnommée la Fiancée de l'Atlantique, a pris son essor en 1978. Bordée par l'océan roulant ses vagues le long du Malecón, la ville présente l'harmonie caractéristique de ses coquettes maisons coloniales en bois de style victorien. Les édifices de l'époque coloniale sont nombreux et, pour la plupart, bien restaurés. Mais c'est dans les rues que le spectacle est le plus fascinant, car on y retrouve toutes les couleurs des tableaux naïfs : les nuances multiples de bleu, le rose pimpant, l'orange flamboyant, le vert doux, le jaune criard, le rouge agressif et le violet profond…

■ CATHÉDRALE SAN FELIPE APOSTOL

En bordure du parc central, ses tours blanches et la simplicité de son architecture lui donnent un petit air provincial. Datant de 1934, elle a remplacé l'église originelle construite en 1870. L'édifice religieux flanqué de deux tours est d'inspiration Art déco.

■ FORT SAN FELIPE

Édifice carré et imposant, composé d'une muraille encadrant une tour cen-

Puerto Plata
Océan Atlantique
Barrière de corail
0 750 m
N
Puerto Plata
Punta Fortaleza
Phare
Fort San Felipe
Monument au général Luperón
Baie de Puerto Plata
Malecón (Ave. Gal. Luperón)
Malecón (Ave. Circunvalación Norte)
Mella
Sánchez
12 de Julio
Kennedy
Beller
30 de Marzo
Poste
Eglise San Felipe
Parc Central
12 de Julio
Margarita
Prudhomme
Deschamps
Diciembre
Dr Zafra
16 de Agosto
Vista Alegre
Musée de l'Ambre
Imbert
Separación
San José
Padre Castellanos
Altagracia
Eugenio
José Lopez
20 de
Antera Mota
Francisco Peinado
MIRAMAR
El Morro
Marché
Calle 2
Avenida Isabel
de Torres
Virginia Ortega
27 de Febrero
Presidente Vásquez
Rafael Aguilar
CAMBELEN
Calle 1
Juan Lafitte
Calle 3
Calle 5
30 de Mayo
Gregorio de Lora
Diagonal
27 de Agosto
Calle C
Calle D
Paul H.
Hugo Kunhardt
Hnos Sarita
Brugal
Montanes
Carolina
LUPERON
COSTA ATLANTICA
ARSENO HURTADO
Calle A
BRUGAL
BAYARDO
Calle A
Calle A1
Calle B
Calle B1
Calle F
Avenida Luís Ginebra
Playa Long Beach
LONG BEACH
Avenida Hermanas Mirabal
ATLANTICA
Terrain de base-ball
vers Playa Dorada, aéroport et Sosua
Avenida Circunvalación Sur
LAS YAGUITAS
Avenida Colón
vers Costambar
Calle2
Calle 4
Calle 6
Calle 6
Jasminez
Regalado
Calle 1
PLAYA OESTE
Avenida Penetración Portuaria
DUBEAU
Avenida Colón
3 de Marzo
Tereza Suarez
Camino Real
Calle 5
Calle de los Dominguez
Pedro Clisante
EDUARDO BRITO
Calle E.J. Kunhardt
Ave. José Ginebra
vers Loma Isabel de Torres, téléphérique, Costambar, Cofresi et Santiago

trale ronde et crénelée, sa position stratégique lui permettait de défendre efficacement l'entrée du port contre les attaques des pirates. C'est le seul bâtiment de Puerto Plata datant du XVIe siècle. Charles Ier d'Espagne en ordonna la construction en 1541, mais la forteresse ne fut terminée qu'en 1577. Elle servit de cour de justice puis de prison militaire à plusieurs reprises, et notamment de 1930 à 1961, sous la dictature de Trujillo. A l'intérieur se tient un petit musée militaire ; on peut y voir la cellule de Juan Pablo Duarte, père de la patrie, qui y fut détenu en août 1844. C'est aujourd'hui un monument national.

LOMA ISABEL DE TORRES

Un téléphérique facilite l'ascension de cette haute colline, au statut de parc national, qui se dresse, telle une sentinelle, au-dessus de Puerto Plata. Culminant à quelque 900 m d'altitude, la statue d'un Christ rédempteur, plus modeste que son homologue du Pain de Sucre, veille sur la ville. Du sommet, souvent prisonnier des nuages, s'étend un panorama magnifique sur la ville et sur toute la baie.

MALECÓN

L'avenue longe l'océan sur une longueur de 4 km. La promenade est agréable, bien que la côte soit sale. Le Malecón s'anime le soir et en fin de semaine dans la partie correspondant au centre-ville. Vous vous en rendrez compte au fumet des nombreux stands de *frituras* et *chimichurris* qui l'envahissent.

MARCHÉS

Le marché d'artisanat, le Mercado Nuevo, s'abrite dans une structure de béton à l'architecture résolument moderne et agressive. Les stands proposent toute la production locale en matière de sculpture, de peinture, de vannerie, de textile et d'articles consommables, cigares, rhum… A l'écart se tient le marché traditionnel avec ses étals colorés et abondamment fournis en fruits et légumes, abrités sous des parapluies ou de grandes bâches de plastique.

Gloriette dans le parc central de Puerto Plata.

On y pèse les produits sur des balances de fortune, les petits restaurants font salle comble, mais toute l'activité cesse vers 10h du matin quand chacun a terminé ses achats.

MUSÉE DE L'AMBRE

Le musée occupe le deuxième niveau de la plus belle demeure coloniale de Puerto Plata datant du début du siècle. La collection d'ambres dominicaine, aux nombreuses inclusions de papillons et d'insectes vieux de plusieurs dizaines de millions d'années, est magnifique. Au premier niveau, une boutique consacrée à l'ambre dans tous ses états et à l'artisanat local.

PARQUE CENTRAL

Centre névralgique de la ville, c'est le lieu de rendez-vous par excellence. Il est typique des villes dominicaines... Sa jolie gloriette octogonale verte et blanche à galeries de deux niveaux, est une exacte réplique de l'originale datant d'une époque pas si lointaine (1880) où des orchestres municipaux animaient les dimanches. Quelques vieux Dominicains y lisent leur quotidien à l'ombre des grands arbres, au milieu de l'agitation environnante. On y trouve les traditionnels cireurs de chaussures, les vendeurs de billets de loterie, les *motoconchos*, les *guaguas*, les vendeurs de boissons, de fruits, de *chulamia* (beignet de *yucca*, spécialité de la région), de CD pirates... Tout autour du parc, des édifices de pur style victorien montent la garde.

PHARE

C'est le point le plus proéminent de la région. Ce monument imposant fut fabriqué à partir de fer fondu par la Robert Hills and Sons, à la demande du gouvernement provisoire de Gregorio Luperón. Allumé pour la première fois le 9 septembre 1879, il mesure 24 m de haut et s'élève à environ 50 m au-dessus du niveau de la mer. A l'intérieur court un escalier en colimaçon. Le bureau national du patrimoine culturel a décidé sa restauration prochaine. Sa visite présente aujourd'hui peu d'intérêt.

La Isabela

La Isabela, première tête de pont européenne en Amérique, fut fondée le 10 décembre 1493 par Christophe Colomb et baptisée La Isabela en l'honneur d'Isabelle la Catholique. Le moins qu'on puisse dire est que ce lieu est chargé d'histoire. Les ruines de la ville sont regroupées autour de deux zones. La zone militaire, connue sous le nom de Castillo, marque l'emplacement des bâtiments anciens en pierre. La zone d'habitation abritait la première génération de population civile, dont les maisons étaient provisoirement bâties en matériaux plus fragiles. Dans la première zone, parmi d'autres vestiges, figurent ceux de la demeure du grand amiral, un édifice de deux étages bâti au bord des rochers et dont la tour mirador surplombait la ville. Quelques pierres signalent l'emplacement de la première église, où le père Bernardo Boyl célébra la toute première messe du Nouveau Monde, le 6 janvier 1494. C'est là que furent créés, le 24 avril de la même année, le premier hôtel de ville, sous la présidence de Giacomo Colomb, frère de Christophe, ainsi que le premier tribunal de justice. Bientôt vinrent le port et ses entrepôts. L'emplacement du premier cimetière chrétien a été localisé grâce à la découverte du squelette d'un officier espagnol, identifié à la position de ses bras croisés sur la poitrine.

© AUTHOR'S IMAGE

Édifice religieux à La Isabela.

Récemment construite pour commémorer l'établissement des *conquistadores*, une église a été inaugurée par les souverains espagnols.

Punta Rucia

Un kilomètre avant d'arriver au village, la plage de La Enseñada déploie sa baie magnifique, avec son lagon aux eaux turquoise transparentes et peu profondes, barrière de corail oblige. La plage est immense. On peut s'isoler et se baigner sans crainte d'être gêné par ses voisins. Si vous le leur demandez gentiment, pour quelques dizaines de pesos, les pêcheurs vous grilleront du poisson. Le week-end, la plage s'anime. Les pick-up déversent des familles venues pique-niquer au son du *mérengué* et de la salsa.
Le village de Punta Rucia borde la baie avec indolence ; les barques de pêche aux couleurs pimpantes se balancent nonchalamment au rythme des vagues, et les pêcheurs paressent dans leurs hamacs sous les palmiers. Quelques enfants arpentent la plage en arborant fièrement leur harpon et les poissons fraîchement pêchés qu'ils vendront aux petits *comedors* locaux. Ici, on vit au ralenti, loin de toute frénésie touristique. La plage est très blanche, frangée de palmiers, et s'étend voluptueusement sur plusieurs kilomètres avant de buter sur une forêt de mangrove profonde de 8 km. On peut l'explorer en barque. Les eaux du Cayo Arena, petit îlot affectionné par les plongeurs au large de Punta Rucia, sont si transparentes qu'on pourrait attraper les poissons à la main. On s'y rend en barque à partir de l'hôtel Discovery Bay qui organise des excursions, mais on peut tout aussi bien louer les services d'un pêcheur local.

Montecristi

À mesure que l'on approche de Montecristi, l'air se fait de plus en plus sec, la végétation luxuriante cède peu à peu la place à un paysage désertique, où les cactus et les épineux, dont le fameux *cambrón* (un arbuste originaire d'Afrique dont on fait le charbon végétal), remplacent la luxuriance des plantes tropicales. Lors de son second voyage, et alors qu'il longeait les côtes de l'actuelle Montecristi, Christophe Colomb envisagea la possibilité d'y construire la première ville du Nouveau Monde, avant de se décider pour une zone plus orientale. La ville de Montecristi ne fut fondée qu'en 1533 par Juan de Bolanos, accompagné d'une soixantaine de familles originaires des Canaries. Il fallait en effet absolument tirer parti de son formidable port naturel. La ville fut détruite en 1606, pour n'être réhabitée qu'à la fin du XVIIe siècle. Montecristi connut sa période la plus prospère dans les dernières décennies du XIXe siècle et au début du XXe siècle, à l'époque de l'implantation de la Grenada Fruit Company, où son port était utilisé pour l'exportation vers l'Europe des produits agricoles, bananes plantains, et des bois précieux. De cette période datent ses édifices du plus pur style victorien. Une indicible atmosphère de désuétude et de nostalgie plane sur cette bourgade, où la vie se déroule au ralenti sous un soleil écrasant. La ville attire peu de visiteurs, car elle se trouve à l'écart des itinéraires touristiques classiques. L'anse de Montecristi est cependant réputée pour être un excellent spot de planche à voile, peut-être même meilleur que celui de Cabarete, avec un vent plus fort, rabattant sur la plage, et une mer sans vague. Mais les infrastructures sont rares et les véliplanchistes aussi.

EL RELOJ

L'horloge, orgueil de la ville, qui trône au milieu du parc central de San Fernando, face à l'église, fut achetée à la France en 1895, grâce aux cotisations des bourgeois locaux.

MAISON DE MAXIMO GÓMEZ

Le 1er avril 1895, Maximo Gómez Báez et José Martí, le héros de l'indépendance cubaine, y signaient le manifeste de Montecristi par lequel le Dominicain promettait son aide à la lutte pour l'indépendance de Cuba. La vieille maison de bois grise a été transformée en un intéressant musée. Quelques documents et objets de l'époque nous permettent d'imaginer la vie quotidienne d'une famille de la petite bourgeoisie dominicaine du XIXe siècle. On y trouve également des photographies de la famille Gómez ainsi que des fac-similés du traité.

MARAIS SALANTS

Montecristi est la première région de salines de l'île, avant même Bani et Azua. Les bassins qui s'étendent à la sortie de la ville en direction de la mer sont particulièrement beaux le soir, à la tombée du jour, quand ils prennent une belle couleur rose sous les derniers rayons du soleil couchant. La quasi-totalité du sel consommé dans le pays y est produite par évaporation d'eau de mer.

PARC NATIONAL EL MORRO

Ce promontoire rocheux fut baptisé ainsi par le grand amiral qui lui trouva une forme de dromadaire couché. Récemment déclaré parc national, le Morro fait l'objet d'une opération de reboisement. Après avoir emprunté une piste caillouteuse, il faut prendre un sentier qui vous mène à la cime en 30 minutes de marche. Du sommet, le spectacle est grandiose. Autour du Morro, sont plantées dix croix blanches symbolisant les dix commandements.

Îles et plages

En face de la ville, à 400 m du rivage, s'étend la très jolie plage du Cayo Cabrita. On s'y rend en négociant la traversée avec un pêcheur. Les Dominicains prétendent que cet îlot inspira Alexandre Dumas lorsqu'il écrivit Le comte de « Monte Cristi » ! Les amateurs de plongée sous-marine essaient encore de découvrir les trésors des navires français et hollandais qui sombrèrent dans ces eaux aux XVIe, XVIIe et XVIIIe siècles.

CAYOS SIETE HERMANOS

Situé au-delà de la barrière de corail, le groupe des sept îlots, serrés les uns contre les autres comme sept frères (d'où leur nom), servit de refuge à de nombreux corsaires et pirates. Il est possible d'y camper en demandant une autorisation à la capitainerie du port. Les tortues marines y viennent pondre leurs œufs entre les mois de novembre et de février. Les plages sont nombreuses, plutôt étroites et de sable noir. La plus spectaculaire est la plage du Morro qui ressemble plus à Etretat qu'à une plage tropicale. Elles sont toutes très animées en fin de semaine.

LOS CANOS

La lagune se compose d'une série de canaux formant des labyrinthes entre les palétuviers. Ils contiennent de nombreuses espèces d'oiseaux. On peut y accéder en barque en louant les services d'un pêcheur.

Dajabon

Le nom de cette petite ville frontière est d'origine créole (« daja » signifie « poisson »). La chaleur intense est à peine tempérée par la présence de l'ancien Río Dajabon, appelé aujourd'hui Río Massacre, en souvenir des massacres haïtiens de la dictature en 1937. Ce surnom populaire a été officialisé après la mort de Trujillo. Comme toutes les villes dominicaines, Dajabon possède son parc central, son kiosque et son église, sans oublier ses nuées de petits cireurs de chaussures. Mais l'activité essentielle de la ville est centrée sur son trafic de marchandises avec son voisin pauvre Haïti. Des jeunes gens, les bras chargés de jeans, de polos, de tennis et de toutes sortes de vêtements, sillonnent les rues en proposant leur marchandise à des prix dérisoires !

Playa Dorada

Le plus important complexe touristique du pays se trouve à 4 km à l'est de Puerto Plata. Plusieurs grandes chaînes hôtelières internationales s'y sont implantées et la quinzaine d'hôtels et de resorts, tous d'un excellent standing, totalisent plus de 3 600 chambres et proposent de très nombreuses activités sportives, de la pêche au gros et cours de *mérengué*. Playa Dorada, camp retranché du tourisme, a parfaitement assimilé la règle du « todo incluido », les nombreux touristes de Playa Dorada portent au poignet leur identification hôtelière sous forme de bracelet en plastique dont la couleur correspond au niveau des prestations qu'ils ont payées avant leur départ... Un golf de 18-trous, très renommé pour son parcours entre lac et mer, a été conçu par le spécialiste Trent Jones. Et ce n'est pas tout. Le Playa Dorada Plaza, centre commercial très moderne, collectionne toutes les boutiques d'un paradis du shopping. Restaurants, bars et discothèques sont légion et vous n'aurez que l'embarras du choix. Ici, peu d'authenticité, mais une atmosphère de vacances. La plage de Playa Dorada est belle et protégée par des récifs coralliens, et chaque hôtel a aménagé son bout de plage où l'on peut pratiquer tous les sports nautiques...

Sosua

En 1982, l'inauguration de l'aéroport de Luperón à Puerto Plata a posé la première pierre du temple du tourisme. Sosua est un centre touristique très populaire, souvent surpeuplé, où l'on se dissout dans le farniente, le bronzage et les fêtes à gogo.

Sosua
Sosua
OCEAN ATLANTIQUE
0
50 m.
Sunset Point
Playa Casa Marina
Taxi
Banque
Police
Banco Popular
Alejo Martinez
Taxi
Duarte
Planet Arte
Dr. Rosen
D. Stern
Mainstreet Pedro Clisante
Taxi
Camino Libre
Main Highway
Playa Sousa
Police
vers Puerto Plata
vers Cabarete

Les plages, les bars, les restaurants, les hôtels et les discothèques ne désemplissent pas. La gaieté bon enfant a cédé la place au harcèlement permanent et à la prostitution, et l'espagnol s'entend beaucoup moins que l'anglais ou l'allemand. On y mange hamburgers et club sandwichs, on y compte en dollars, mais on y danse toujours le mérengué. Sur ce point, les Dominicains ne transigent pas. Vous l'aurez compris Sosua est un peu trop touristique, et c'est dommage, car les plages y sont magnifiques. Sosua se compose de deux localités situées chacune à une des extrémités de son immense anse aux eaux turquoise ; si Los Charamicos a conservé l'ambiance caractéristique et nonchalante d'un village dominicain, El Batey est entièrement dévolu aux étrangers de passage.

COLEGIO SAN CRISTOBAL

Fondé en 1941, au cœur du village, pour accueillir des enfants de colons, il est aujourd'hui coincé entre deux bars. Ses grilles jaunes et bleues laissent échapper deux fois par jour des essaims bruyants de petits écoliers.

COLOMBUS AQUAPARK

Avant d'arriver à Sosua par la route de Puerto Plata, un parc d'attractions nautiques avec d'immenses toboggans (14 en tout). Snack, bar et boutiques de souvenirs. Location de bouées sur place.

GALLERA

La petite arène en bois, à l'extrémité du village de Los Charamicos, s'anime tous les samedis et mardis de midi à 18h. Tout le quartier résonne alors des cocoricos sonores des coqs enfermés dans leur cage grillagée.

MUSEO JUDIO DE SOSUA

Ce petit musée est né de l'initiative des fondateurs de la localité et de leurs descendants, à l'occasion du cinquantième anniversaire de la création de Sosua. Le musée retrace l'épopée des premiers colons juifs, depuis la signature des accords d'Evian, l'organisation d'une vie collective, jusqu'à la prospérité du village. L'exposition est un témoignage unique de cette période ; elle se compose de vieilles photos d'époque, de documents et d'objets utilitaires ou personnels. Le musée est en perpétuelle évolution, car chacun l'enrichit par ses dons personnels.

Plage de Sosua.

Sosua, paradis du farniente !

SYNAGOGUE

Sobre et modeste, elle se trouve juste à côté du musée. Les représentants de la colonie juive y célèbrent le shabbat un vendredi sur deux.

Plages

PLAGE DE SOSUA

Elle divise la localité en deux parties : à l'ouest, le village dominicain de Los Charamicos et, à l'est, El Batey, plus développé touristiquement. Le sable est très blanc et l'eau cristalline. Magnifique panoramique en Technicolor de la baie. Mais la plage est malheureusement beaucoup trop peuplée d'adeptes du bronzage intensif et de sports nautiques… Difficile d'échapper aux sollicitations de toutes sortes. Il faut attendre 17h pour que le lieu retrouve son calme. Les volutes roses et orange du coucher de soleil sont alors le plus beau des spectacles.

PLAYA CHIQUITA

Plantée de palmiers, cette plage charmante est encadrée de deux barrières rocheuses. On y perd vite pied et les vagues sont parfois grosses. Elle est moins fréquentée, et donc plus calme, que la précédente. Les bars de plage de l'hôtel Casa Marina sont là pour étancher toutes les soifs. Nombreuses activités nautiques.

PUERTO CHIQUITO

Elle est grande, peu fréquentée et l'eau y est calme, car la baie est profonde. Un petit hameau de pêcheurs reste abrité au bout de l'anse.

Dans les environs

EL ENCUENTRO

El Encuentro est, aux dires de certains, un des meilleurs spots de surf des Antilles avec des rouleaux moyens de 2,50 m, mais pouvant aller jusqu'à 3,50 m.

PLANTACION TROPICAL

Cette immense exploitation de fleurs tropicales s'étend sur plusieurs hectares. Elle emploie des ouvriers agricoles.

Le botaniste amateur y découvrira, en cheminant le long de sentiers aménagés, de nombreuses espèces de la flore tropicale, plantes et fleurs exubérantes, arbres fruitiers, plus de 100 variétés de broméliacées et d'anthuriums, une large collection d'héliconias, d'immenses fougères arborescentes et des serres odorantes où les orchidées sont reines. Un potager et un verger, le typique *conuco* dominicain, permettent de se familiariser avec les fruits tropicaux et les légumes locaux. Les ornithologues seront séduits par l'élevage de perroquets aux couleurs chatoyantes, la *cotica*, et les colibris. On y découvrira également des animaux domestiques (canards, chèvres), le tout sous la houlette d'un guide. Possibilité de restauration succincte sur place. Une halte intéressante sur la route des plages.

Cabarete

Entre Sosua et Cabarete, la route longe la mer d'un bleu intense et des chemins de traverse mènent à des plages sauvages bordées d'amandiers et de cocotiers. Le village de Cabarete, qui s'articule de part en d'autre de la route, en bordure de plage, est une création récente, liée à la découverte par des windsurfers, il y a une vingtaine d'années, de ce lieu où un bon vent souffle toute l'année avec une régularité d'horloge. Ses infrastructures touristiques se déploient de part et d'autre de la route qui longe la côte, rendue un peu dangereuse par la circulation incessante. Bénéficiant de vents forts et de vagues qui se font parfois impressionnantes, Cabarete est classé parmi les dix meilleurs spots du monde pour le windsurf et le kitesurf. Ici, peu de couleur locale, mais une vraie ambiance de fête à la fois sportive et internationale. Tout est possible sur ces quelques 3 km de plages de sable blond bordées de cocotiers : les activités et les possibilités d'hébergement foisonnent. Pour vous repérer, sachez qu'ici on ne mélange pas les religions : la partie ouest de la plage, vers Punta Goleta est désormais appelée Kite Beach et est réservée… aux kitesurfers, tandis que la partie centrale reste le domaine des windsurfers.

■ GROTTES : PARC NATIONAL EL CHOCO

L'entrée de la piste se trouve sur la route de Sosua à Cabarete, 1 km avant Cabarete. Longue de 1,5 km, elle vous conduira tout droit au Cabarete Nature Park and Caves. L'excursion dure environ 2 heures et s'effectue à pied à travers la campagne et la forêt tropicale (prévoir de quoi boire). Vous découvrirez six grottes. Jadis, des Indiens troglodytes vivaient là. Une fois l'émotion passée, vous jetterez un coup d'œil sur quelques objets et céramiques taïnos exposés dans une grotte pompeusement appelée musée, visiterez une ferme dominicaine et ferez peut-être une halte baignade dans une rivière aux eaux fraîches ou dans une des grottes.

■ LAGUNE

Elle s'étend derrière le village. Avec un peu de chance et beaucoup de ténacité, on peut y voir de nombreuses espèces d'oiseaux. La pêche et la chasse y sont interdites.

Cabarete
Kite Beach
Récif corallien
BAIE DE CABARETE
vers Puerta Plata,
Sosua & Encuentro
0
500 m.
Station service
Centre de santé
Station
Essence
vers
La Boca
Centre de
Santé
El Choco
National Park
& Caves
PROCALO
LAGUNE DE CABARETE
Cabarete

À l'intérieur du pays

Moca

Moca peut faire l'objet d'une superbe excursion d'une journée au départ de Sosua ou de Cabarete. En plein cœur du Cibao, Moca garde une allure de simplicité et une atmosphère bon enfant. Sa richesse provient des nombreuses ressources agricoles de la région (œufs, poulets, café, manioc). C'est ici qu'en 1899 fut assassiné le dictateur Ulisses Heureaux.

Salcedo

Salcedo est une proprette bourgade de campagne peuplée d'agriculteurs. Son intérêt est historique puisque c'est là que vécurent les sœurs Mirabal, héroïnes de la résistance à la dictature de Trujillo.

■ **MUSEO HERMANAS MIRABAL**

La dernière maison de la famille Mirabal abrite le musée à la mémoire des trois héroïnes mythiques du pays, martyres de la dictature de Trujillo. Les trois sœurs, Patria, Minerva et Maria Teresa, furent assassinées avec leur chauffeur sur la route entre Puerto Plata et Tenares, au retour d'une visite à leurs maris emprisonnés pour dissidence à Puerto Plata. De nombreux livres et films racontent leur histoire. Le musée présente la maison telle qu'elle était meublée à la fin des années 1960, avec les chambres de chacune des sœurs, leur garde-robe, des objets du quotidien…

San Francisco de Macorís

C'est l'une des villes les plus riches du pays, à tel point qu'elle a été surnommée la ville des Mercedes-Benz. San Francisco de Macorís doit sa richesse à la culture du riz, du café et du cacao, à l'élevage, et surtout aux nombreux Dominican Yorks qui investissent les dollars gagnés aux Etats-Unis dans leur ville d'origine. Outre sa grande prospérité, la ville s'enorgueillit d'une tradition progressiste à l'origine de nombreux mouvements sociaux, grèves et revendications. La ville est non seulement cossue, mais aussi grouillante d'activité, sillonnée en tous sens par des motos-taxis. Cependant, San Francisco n'a pas de réel intérêt touristique, si l'on excepte son carnaval haut en couleur, célébré les dimanches du mois de février.

De retour sur la côte

Playa Maguante

À 10 km après Gaspar Hernandez et à 15 km avant Río San Juan, on traverse le village de la Yagua. Une piste sur la gauche conduit à Playa Maguante. Attention ! Il faut être vigilant pour ne pas rater cet embranchement mal signalé. Au bout de la piste de 2 km s'étend une plage encore vierge, mais qui ne le restera plus très longtemps. Quelques originaux ont commencé à coloniser l'endroit, ils ont fait des émules et, petit à petit, les touristes commencent à venir pour savourer la tranquillité de cette plage encore sauvage.

Río San Juan

Río San Juan, calme bourgade côtière, vit principalement de l'élevage des vaches, des chevaux, des produits laitiers et de la pêche. La vie s'y déroule au ralenti. Le petit centre-ville est plein d'un charme tout provincial et l'on se sent tout de suite à l'aise dans ce bourg sans prétention. Ses maisons créoles bigarrées, ses criques sauvages aux eaux translucides, ses magnifiques plages blanches, ses couchers de soleil flamboyants, sans doute les plus beaux du littoral nord-est, et sa population accueillante sont autant de raisons de vous y arrêter. Ajoutons que la proximité de plages exceptionnellement belles et l'accès à la lagune Gri Gri, la plus fameuse du pays, ainsi qu'un parcours de golf classé parmi les plus beaux du monde font de Río San Juan un *must* de la région.

Playa Grande, l'une des plus belles plages de l'île.

■ LAGUNE GRI GRI

Au bout de la rue principale se trouve le port de Río San Juan. C'est de là que partent les excursions pour la lagune et les environs. Excellent présage, la flottille est parrainée par le rhum Brugal. L'excursion dure environ une heure. Le bateau glisse lentement dans un réseau de canaux peu profonds, au milieu d'une forêt de palétuviers très dense. Le décor est féerique et d'une beauté à couper le souffle. On effectue en général une halte dans une petite île où se trouvait un restaurant avant le passage dévastateur de David, en 1979. On conseille de faire cette excursion tôt le matin, car c'est à cette heure que les oiseaux sont au rendez-vous. Après la visite de la grotte aux Colombes, vous vous baignerez dans les eaux limpides de la plage Caletón.

■ PLAYA CALETÓN

Sur cette exquise petite baie bordée d'eaux vertes et transparentes, ombragée par plusieurs amandiers au feuillage abondant, ont été tournés de nombreux spots publicitaires. Les bateaux d'excursions s'y arrêtent pour la baignade après avoir parcouru la lagune. On peut l'atteindre également par la route, 3 km après Río San Juan. On y parvient après 10 minutes de marche. Là, à même le sable, quelques restaurants sommairement équipés de tables et de bancs de bois attendent le visiteur pour lui offrir poissons grillés, salades et jus de fruits.

Playa Grande

À 10 km de Río San Juan, c'est sans doute l'une des plus belles plages du pays. En tout cas, c'est la plus grandiose. D'ailleurs, on vient tout spécialement la visiter, et même de très loin ! Les restaurants, les bars et les musiciens se regroupent sur la partie centrale de la plage, particulièrement en haute saison et pendant les fins de semaine. Fort heureusement, la frange de sable s'étend sur plusieurs kilomètres et l'on peut très facilement s'isoler. L'eau est d'un bleu et d'une transparence incroyables, le sable est doré à souhait. Attention cependant, la mer devient vite profonde et il est recommandé de prendre garde aux courants et aux vagues.

Cabanon sur une plage de la côte d'Ambre.

La péninsule de Samaná

La luxuriance de la végétation tropicale, la beauté des plages vierges, la solitude des baies désertes, la multitude des rivières et des cascades, les cocotiers et les mille et une croyances populaires font de cette région, la plus séduisante et la plus attachante du pays. La cordillère de Samaná, qui culmine à 604 m, traverse la péninsule d'est en ouest, offrant des reliefs impressionnants qui plongent à pic dans la mer. La péninsule est une immense réserve naturelle, domaine des tortues marines, des baleines à bosse et de nombreuses espèces d'oiseaux. Réputée pour sa beauté, la région est également célèbre pour la multiplicité et la diversité de ses églises. Celles-ci cohabitent dans la plus grande tolérance. Seule l'église du diable a, selon la rumeur locale, suscité une réaction officielle et n'a pu survivre. Les pratiques de la santería *et du vaudou coexistent avec la religion catholique et sont particulièrement présentes dans la région de Samaná.*

Sánchez

Coincée entre la montagne couverte de forêts et la baie de Samaná, la petite ville de Sánchez semble avoir arrêté son horloge au début du siècle. Autrefois port actif et prospère, elle semble aujourd'hui assoupie et se laisse porter par un rythme nonchalant sous les vagues de chaleur. L'unique ligne de chemin de fer du pays, aujourd'hui désaffectée, reliait la baie de Sánchez aux villes de La Vega et de San Francisco de Macorís, leur fournissant ainsi l'accès à la mer dont elles avaient un besoin vital pour l'exportation de leur production agricole. De la gare, construite par l'architecte écossais M. Baird, il ne reste à présent que des vestiges. Cependant, l'architecture des demeures victoriennes aux couleurs passées, et l'atmosphère des rues confèrent à la ville entière un charme indicible chargé de nostalgie. L'activité principale du petit port est la pêche à la crevette, plus abondante et meilleure que nulle part ailleurs dans le pays. La ville est aussi l'un des points de départ des excursions pour le parc national des Haïtises.

Santa Barbara de Samaná ou Samaná

De Sánchez à Samaná, de son véritable nom Santa Barbara de Samaná, la route serpente à flanc de montagne à travers des forêts de cocotiers et offre une vue plongeante de toute beauté sur la baie. Aujourd'hui, Samaná est en pleine mutation. Sa baie exceptionnelle et la beauté de ses paysages ont fait germer des ambitions grandioses pour ce bout de péninsule.

La péninsule de Samaná

Le Malecón est planté de cocotiers et illuminé. En front de mer, une coquette enfilade de cases tropicales abrite des boutiques destinées aux touristes. D'énormes bateaux de croisière déversent régulièrement leurs flots de visiteurs d'un jour. La ville ne dispose pas de plage à proximité immédiate, il vous faudra donc quitter Samaná par la route ou par la mer pour atteindre les plages des environs.

CAYO VIGIA

Cet îlot ferme la baie de Samaná, en face de la ville. On y accède par un sentier partant de l'hôtel Cayacoa, puis par un pont piéton qui enjambe la baie de ses arcades. Le *cayo* ne présente pas d'autre intérêt que d'offrir de la mer un vaste panorama sur la ville. À la tombée du jour, les couples vont y goûter l'embrasement du... soleil. De nombreux voiliers au mouillage profitent de cet abri naturel.

CENTRO DE LA NATURALEZA

Géré par le CESBE, une ONG qui milite pour la protection de la baie de Samaná, ce modeste centre présente une exposition sur les richesses de la région et notamment les perroquets et les baleines ; on verra surtout un squelette de baleine particulièrement impressionnant. Une boutique d'artisanat alimente les caisses de l'ONG.

CHURCHA

Cette touchante église en bois de style victorien fut transportée pièce par pièce d'Angleterre, en 1823, pour servir de lieu de culte aux fidèles de l'église méthodiste wesleyenne. Les offices ont longtemps été dits en anglais. En 1861, l'église fut transformée en hôpital. Aujourd'hui restaurée, elle abrite l'église évangélique dominicaine.

PUEBLO PRINCIPE

L'enfilade de cases créoles colorées, qui se déploie face au Malecón, abrite de nombreuses boutiques, de bijoux, de cigares, de souvenirs en tout genre et même un casino.

Observation des baleines

Observer les baleines dans leur cadre de vie naturel est une expérience incomparable et inoubliable. Toutefois, un certain nombre de précautions doivent être prises, tant pour la sécurité des observateurs que pour le respect de la vie des baleines. En effet, elles peuvent se montrer agressives si elles sentent un danger pour leur baleineau.

La péninsule de Samaná est réputée pour sa flore tropicale luxuriante.

Par ailleurs, elles risqueraient de choisir un autre lieu de migration si elles étaient constamment importunées durant cette période importante de leur vie.

Cayo Levantado

Îlot paradisiaque, Cayo Levantado est devenu un lieu convoité des touristes. Cette perle, dont les Dominicains sont si fiers, est bordée par deux plages de sable fin et immaculé (Playa Grande à gauche du débarcadère, Playa Honda à droite, accessible par un sentier fléché). Des pelouses vert tendre s'étirent jusqu'au bord de l'eau cristalline, des cocotiers de carte postale s'inclinent sur le bleu de la mer, et des sentiers traversent une petite forêt tropicale de cocotiers, de lianes et de fromagers. Malgré l'afflux de touristes, de marchands ambulants, de *cantinas* et de boutiques, le Cayo Levantado reste un mythe et mérite une visite. Une fois les marchands et les touristes partis, l'île retrouve son calme et sa sérénité. Un hôtel en formule tout compris accueille également ses hôtes au cœur du Cayo.

Parc national Los Haïtises

En dépit d'un sol pauvre, les pluies fréquentes et la forte humidité ont permis le développement d'une végétation typique de la forêt humide subtropicale, bambous, fougères arborescentes, lichens et orchidées. Los Haïtises est un dédale végétal sauvage et impressionnant où des fjords profonds se perdent dans des forêts épaisses de mangroves et de lianes. L'intérieur des terres est parcouru par un lacis d'étroits bras de mer peu profonds où nulle embarcation ne peut s'aventurer. Une multitude d'îlots aux formes dodues et recouverts d'une végétation touffue vert tendre parsèment les eaux calmes en bordure du parc. Ces dômes et tours karstiques sont le résultat de l'érosion de formations calcaires vieilles de plusieurs millions d'années, créant une

Cayo Levantado, un îlot paradisiaque.

© SIR PENGALLAN - ICONOTEC

Grotte du parc national Los Haïtises.

zone au relief original, véritable baie d'Ha Long caraïbe. De nombreuses cavernes et grottes communiquent entre elles, formant un extraordinaire réseau souterrain encore inexploré et méconnu. Les spécialistes y ont dénombré plus d'un millier de grottes dont certaines conservent sur leurs parois des pétroglyphes datant de la période précolombienne. On peut visiter la grotte de l'Ange, la grotte San Gabriel, vaste comme une cathédrale, les grottes de la Linea et de l'Arena qui contiennent des oeuvres réalisées par les Indiens taïnos. Les Taïnos ne vivaient pas dans des grottes, mais utilisaient celles-ci comme repères et comme dépôts durant des campagnes de pêche ou de chasse.

➜ **Dans l'île aux oiseaux,** vous aurez peut-être la chance d'observer des pélicans, des perroquets, des pique-bœufs, des frégates ou des coqs d'eau, dont certaines espèces sont en voie d'extinction. Les variétés d'arbres y sont également très nombreuses, du cèdre à l'acajou. Quasiment déserté, le parc est vierge de toute exploitation agricole ou forestière. Seule la frange côtière est ouverte aux touristes, l'intérieur devenant vite impénétrable.

Los Cacaos

Ce village de pêcheurs, à 8 km de Samaná sur la route de Las Galeras, servait autrefois de port d'embarquement pour les grands blocs de marbre extraits des carrières toutes proches. Le môle, dévasté par le cyclone David, n'a pas été reconstruit. Cette amputation semble avoir privé le village de son activité, mais certainement pas de ses qualités d'hospitalité, ni de ses nombreuses traditions. Les enfants portent autour du cou des amulettes noires censées les protéger du mauvais œil (*mal de ojo*). Et si vous êtes bien sage, on vous y contera l'histoire des Ciguapas, ces femmes si belles, aux pieds tournés à l'envers. Elles vivent dans les montagnes et n'en descendent que pour voler le sel et les hommes en les attirant hors des villages.

© AUTHOR'S IMAGE

Punta Balandra sur la route de Samaná à Las Galeras.

Las Galeras

À 25 km de Samaná, par une route magnifique qui traverse de nombreux hameaux tout en longeant la côte. L'anse de Playa Francesa (4 km après Samaná) est particulièrement belle, mais dangereuse, et ses eaux sont d'une limpidité parfaite. La route termine sa course au village de Las Galeras, face à la mer, où s'est construit le petit village touristique. Ici le temps s'arrête et le voyageur fait une halte qui se prolonge parfois, tant on s'y sent bien. Une petite communauté d'étrangers, dont des Français, anime le tourisme local. Les nombreuses plages des environs comptent parmi les plus fabuleuses du pays.

PLAYA CALA BLANCA

La plage n'est qu'à 5 minutes du centre. Elle est formée d'une longue bande de sable blanc bordée de cocotiers et baignée par une eau limpide.

PLAYA COLORADA

Vous pouvez vous y rendre par bateau en soudoyant un pêcheur, ou à cheval. Dans les deux cas, cela vous fera de la compagnie, car la crique est complètement sauvage, superbe et fort peu fréquentée.

PLAYA FRONTON

Un restaurant de fortune qui accueille les visiteurs qui viennent surtout pour le parcours d'escalade qui a été balisé par des passionnés de la grimpe (se renseigner au restaurant). Playa Fronton et Playa Madame ne sont accessibles que par bateau ou à cheval.

PLAYA RINCON

On dit d'elle qu'elle est la plus belle du pays. Elle est devenue un best-seller des cartes postales. Non contente de se pavaner, elle se laisse visiter par le tout-venant des agences de voyages locales, des grands hôtels et des resorts des environs, et même par quelques malandrins attirés par la manne touristique (prudence !). Vous l'avez compris, elle est bien trop belle pour qu'on puisse l'avoir toute à soi. La plage s'étire sur plusieurs kilomètres au bord d'une eau transparente. Tout au bout, un petit lac d'eau douce et cristalline offre une baignade plus rafraîchissante que la mer.

Las Terrenas

Las Terrenas occupe un statut vraiment à part dans la carte touristique de la République Dominicaine. Cet endroit témoigne d'un développement touristique harmonieux, bel exemple d'une cohabitation sereine entre Dominicains et étrangers. On est bien loin des *todo incluido* qui sévissent dans les autres pôles touristiques du pays.

Immédiatement, le charme opère et on s'y sent si bien qu'il sera difficile d'en repartir. On se promet de revenir bien vite... et on revient. C'est ainsi que le village compte de nombreux inconditionnels, pour certains célèbres, qui viennent se ressourcer régulièrement pour cultiver la farniente à l'ombre des cocotiers dans une ambiance de fête permanente. Le Français y est beaucoup parlé, notamment par les hôteliers, restaurateurs et propriétaires de commerces de l'hexagone qui furent parmi les premiers à développer le tourisme sur place. Principal attrait, et non des moindres : les dizaines de kilomètres de plages de sable blanc baignées par une eau aux reflets turquoise, à température idéale, et protégées par un récif de corail. Au large, les Cayos de la Baleine ponctuent l'horizon des trois points rocheux dodus. De quoi donner forme au rêve de chacun... Les activités sont nombreuses à Las Terrenas : sports nautiques, tennis, équitation, quads. Les balades en montagne, les cascades, le spectacle des baleines en hiver, la vie sociale et nocturne, le shopping et les rencontres en tout genre en font l'un des endroits les plus séduisants du pays. Le charme de Las Terrenas n'est pas resté inaperçu et les touristes y affluent de plus en plus nombreux.

L'endroit est en passe de devenir l'un des coins les plus branchés du pays, les lassés de Saint-Bart' ou de Saint-Martin s'y retrouvent chaque année plus nombreux. Depuis l'ouverture de l'autoroute reliant la péninsule de Samaná à Santo Domingo, les dominicains branchés de la capitale s'y rendent régulièrement. D'ambitieux projets immobiliers sortent de terre, complexes de villas de luxe, condominiums, nouveaux hôtels de grande capacité, parcours de golf, et un casino vient même d'ouvrir ses portes, mais tout ceci se fait un peu en dehors du centre.

© AUTHOR'S IMAGE

Plage de Las Galeras.

El Limón

La route qui conduit au village à 15 km de Las Terrenas longe la mer sur une bonne distance. Elle traverse de magnifiques paysages de bord de mer et de campagne. Les petits hameaux ont réussi à conserver tout leur caractère, malgré l'invasion touristique qui guette. Le petit bourg d'El Limón a gardé toute son authenticité et les petits restaurants, les boutiques et les échoppes continuent leur vie paisible au bord de la route qui traverse le village.

➜ **Les combats de coqs** ont lieu dans la modeste gallera de bois au toit de palme, le dimanche après-midi.

➜ **La plage de Limón** est accessible par une piste défoncée et inondée à la moindre pluie.

Las Terrenas
Playa Las Ballenas
Playa Casa Blanca
Punta Popy
El Pueblo de los Pescadores
BAHIA ESCOCESA
Playa Bonita
Playa Coson
Calle P.F. Bono
Calle del Carmen
Libertad
Police
EL PASEO
Rio Las Terrenas
Emilio Prud'homme
Avienda Benelux
Avenida España
Haïtian Art Gallery
Sucré Salé Panaderia
Safari Quad
Carsilver rent a Car
Office du tourisme Casa de Las Terrenas
Verizon Telephone Center
Laverie Pat & Momo
Plaza Rosada
Avenida Juan Pablo Duarte
R.M. Mella
Calle del Carmen
Fabio Abreu
Fabio Abreu
0
200 m.
vers Coson
vers Sanchez
Las Terrenas

Elle démarre à l'entrée du village en venant de Las Terrenas. Plutôt sauvage et tranquille, elle est très belle, mais attention aux moustiques.

➜ **Les chutes d'eau de Limón** justifient à elles seules l'excursion. Une fois dans le village de Limón, suivez la route, prenez sur la droite, traversez la petite ferme et commencez l'ascension. Après avoir marché le long de sentiers étroits à travers la forêt tropicale, traversé plusieurs rivières, grimpé de nombreux raidillons escarpés, vous serez récompensé par la découverte d'une piscine naturelle dans laquelle se déverse une cascade d'une hauteur de 50 m, entourée de grottes profondes. L'eau est pure et fraîche et le panorama sublime. La baignade bien méritée, après les efforts de l'ascension, y est divine. Ceux que la perspective des 2 heures de marche aller-retour ferait hésiter peuvent partir de Las Terrenas à cheval ou en quad puis à cheval.

➜ **On peut également louer des chevaux** (marchandage de rigueur) ou s'adresser au Rancho Berca, plus connu sous le nom de son propriétaire espagnol, Santi, dans le village, à la hauteur de l'embranchement vers les chutes. Autre option pour la visite à cheval de la cascade, la Casa Nega qui se trouve à la parada Los Pinos, entre Samaná et Limón. On découvre la cascade par le haut. Quel que soit le moyen de locomotion utilisé, il faut compter une demi-journée d'excursion, suivie d'une bonne sieste réparatrice.

➜ **Au-delà de El Limón,** la route, pour l'instant en excellent état, part à l'assaut des collines et parcourt la campagne dominicaine, ponctuée de cases créoles colorées ; on traverse des petits hameaux typiques, on croise des écoliers rentrants de l'école, des fermiers affairés, avant de rejoindre Samaná, au terme d'une balade d'une quarantaine de minutes. Ceux que la perspective des 2 heures de marche aller-retour ferait hésiter, peuvent partir de Las Terrenas à cheval ou en quad puis à cheval.

Chutes d'eau de Limón.

EMELCI

Pense futé

Argent

Monnaie et subdivisions

Le peso, symbolisé par RD$, se divisait autrefois en 100 centavos, populairement appelés *cheles* et qui ont aujourd'hui disparu de la circulation. Actuellement circulent des pièces de 1, 5, 10, 25 pesos et des billets de 10, 20, 50, 100, 500, 1 000 et 2 000 pesos.

Change

Taux de change. En août 2009. 1 € = 46,83 pesos et 1 USD = 36,2 pesos.

L'ensemble des transactions se font en monnaie locale, mais le dollar US est accepté dans beaucoup de boutiques ou d'établissements touristiques. L'euro est également accepté dans certains établissements. Vous aurez énormément de mal à vous procurer des pesos en France. Il est fortement conseillé de partir avec du dollar US en petites coupures pour régler toutes vos dépenses. Il existe aussi de nombreux bureaux de change, « casas de cambio », notamment dans les zones touristiques, dont les taux sont parfois plus intéressants que ceux des banques. Leurs heures d'ouverture sont également plus souples, tard le soir et pendant le week-end.

Banque

Toutes les banques changent les devises et acceptent les cartes de crédit et les chèques de voyage ; elles sont ouvertes généralement de 9h à 15h y compris le samedi. La plupart des banques possèdent des distributeurs automatiques, certains sont ouverts 24h/24 et accessibles avec toutes les grandes cartes de crédit et de retrait.

Moyens de paiement

L'argent liquide, en pesos ou en dollars américains, est à privilégier pour éviter les situations gênantes. L'euro est aussi accepté dans la plupart des zones touristiques. Les Traveler's Cheques peuvent être échangés dans la plupart des institutions bancaires, mais sont rarement acceptés en guise de règlement.

Cash

Où trouver des distributeurs ? Pas de problème dans les villes et les zones touristiques, il y en a presque toujours à quelques centaines de mètres. Si vous n'en trouvez-pas, les banques et la plupart des complexes tout-inclus pourront vous dépanner. A chaque retrait à l'étranger avec votre carte, une commission est retenue à la fois par la banque du distributeur et par votre banque. Les tarifs qui s'appliquent se composent d'une commission fixe et de frais proportionnels au montant retiré ou payé. Pour éviter donc de multiplier les frais, pensez à grouper vos retraits d'argent ou à prendre des Traveler's Cheques.

Le transfert d'argent. Avec ce système, on peut envoyer et recevoir de l'argent de n'importe où dans le monde en quelques minutes. Le principe est simple : un de vos proches se rend dans un point MoneyGram® ou Western Union® (poste, banque, station-service, épicerie...), il donne votre nom et verse une somme à son interlocuteur. De votre côté de la planète, vous vous rendez dans un point de la même filiale. Sur simple présentation d'une pièce d'identité avec photo et de la référence du transfert, on vous remettra aussitôt l'argent.

Carte de crédit

Elles sont bien acceptées dans tout le pays, particulièrement l'EuroCard, la MasterCard, la Visa et l'American Express. Attention toutefois, certains établissements n'acceptent que le liquide (mais plusieurs devises, au taux du jour...). Vous ne rencontrerez aucun problème pour retirer des pesos avec une carte dans les banques ou les guichets automatiques, qui se sont multipliés ces dernières années. Avant votre départ, pensez à vérifier la limitation de votre plafond de paiement et de retrait. Demandez, si besoin est, une autorisation exceptionnelle pour la période de votre voyage.

Où l'utiliser ? Les terminaux électroniques sont monnaie courante dans les établissements d'importance. Hôtels, restaurants, excursionnistes et grands magasins accepteront le plus souvent votre carte sans problème. Pour les stations-service, demandez avant de laisser le préposer faire le plein, car toutes n'acceptent pas les cartes. Dans les petits hôtels, les boutiques de bord de plage, dans les taxis ou les gargotes, il est bien souvent impossible de payer par carte.

En cas de perte ou de vol de votre carte de paiement, appelez le serveur vocal du groupement des cartes bancaires Visa®, EuroCard® et MasterCard® au © (00 33) 892 705 705 ou (00 33) 836 690 880. Il est accessible 7j/7 et 24h/24. Si vous connaissez le numéro de votre carte bancaire, l'opposition est immédiate et confirmée. Dans le cas contraire, l'opposition est enregistrée mais vous devez confirmer l'annulation à votre banque par fax ou lettre recommandée.

Habitation de la péninsule de Samaná.

Traveler's Cheques

Ce sont des chèques prépayés émis par une banque, valables partout, et qui permettent d'obtenir des espèces dans un établissement bancaire ou de payer directement ses achats auprès de très nombreux lieux affiliés (boutiques, hôtels, restaurants...). Ils sont valables à vie. Leur avantage principal est l'inviolabilité : un système de double signature (la deuxième étant faite par vous devant le commerçant) empêche toute utilisation frauduleuse. A la fin de votre séjour, s'il vous reste des Traveler's Cheques, vous pourrez les changer contre des euros ou les restituer à votre banque qui les imputera à votre compte courant. A noter que le paiement par chèque classique est rarement possible à l'étranger.

Faire / Ne pas faire

Faire

→ ***Les Dominicains sont volontiers familiers*** *et ne pratiquent le vouvoiement que dans les contacts les plus officiels. Dans la vie quotidienne, après les présentations et quelques conversations, passez très vite au « tu ».*

→ ***Faites la fête.*** *On sort beaucoup le vendredi, le samedi soir ainsi que le dimanche (ici on ne connait pas le blues du dimanche soir !), mais la semaine est également animée.*

→ ***Mettez-vous à l'heure locale,*** *et faites la sieste aux heures les plus chaudes de la journée.*

→ ***Rendez-vous en fin de journée*** *dans les* colmados *pour rencontrer la population locale.*

Ne pas faire

→ ***Le moins que l'on puisse dire c'est que la ponctualité est un concept quasi absent de la culture dominicaine !*** *D'ailleurs le vocabulaire ne prête pas à confusion,* ahora *(maintenant) s'est transformé en* ahorita, ahoritica, *diminutifs malins pour exprimer le fait que maintenant c'est toujours un peu plus tard. Les choses seront souvent faites* mañana *(demain), mais on ne sait jamais vraiment de quel lendemain on parle... Ne vous offensez donc pas des retards des Dominicains dans la vie quotidienne et sachez prendre les choses comme eux, suavement, doucement.*

→ ***Vous rencontrerez beaucoup de quémandeurs,*** *car les enfants ont malheureusement appris au contact des touristes à réclamer des pesos, des dollars ou des bonbons. Il est vivement recommandé, comme dans tout pays pauvre, de ne pas distribuer arbitrairement des cadeaux aux enfants. Les dons seront bienvenus auprès des chefs de famille, des écoles ou des associations caritatives.*

→ ***Ne vous offusquez pas, mesdames*** *si, dans la rue, on vous aborde en vous donnant du « mi amor, mi cielo ou corazón (mon amour, mon ciel ou mon cœur) » ; ces petits mots tendres font partie du vocabulaire courant destiné aux femmes, aux enfants et accessoirement aux hommes. Ils témoignent simplement de la gentillesse des Dominicains.*

→ ***Ne faites pas de topless mesdames,*** *cette pratique est interdite en République dominicaine.*

Lorsque c'est le cas, l'utilisation est compliquée et très coûteuse.

Pourboire, marchandage et taxes

Pourboire

Les taxes dans les hôtels et dans les restaurants incluent une partie du pourboire. Il est correct de laisser 10 % dans les restaurants si le service est satisfaisant.

Marchandage

Inévitable dans les zones touristiques lorsque les prix ne sont pas affichés (ces magasins sont à éviter...), il n'est pas de mise dans les magasins plus sérieux (tarifs affichés, codes-barres...). Dans les hôtels et pour les excursions, il est toujours possible de discuter, surtout en basse saison ou pour des durées/quantités plus importantes.

Taxes

Dans les restaurants et les hôtels, une taxe de 10 % est perçue pour le service. Dans les hôtels, il existe une taxe supplémentaire de 5 % sur le prix des chambres. Dans les deux cas, une taxe supplémentaire de 10 % sur les consommations est prélevée. Ce qui nous fait 18 % pour les restaurants et 28 % pour les hôtels. Vérifiez toujours dans les établissements touristiques si les prix annoncés sont indiqués avec ou sans les taxes.

Bagages

Des vêtements légers en coton. Des chaussures ouvertes, des tennis et une paire de chaussures de ville. Une tenue élégante : les Dominicains adorent s'habiller pour sortir, surtout quand ils vont jouer au casino. Vous trouverez tout ce qu'il faut pour pallier d'éventuels oublis dans les boutiques locales.

Décalage horaire

Il y a 6 heures de décalage horaire en été et 5 heures en hiver, entre la France et la République dominicaine : quand il est 12h à Paris, il est 6h ou 7h du matin à Santo Domingo.

Électricité, poids et mesures

- **Électricité :** standard américain 110 volts, 60 hertz et prises à fiches plates. Attention car les coupures d'électricité impromptues, bien que de moins en moins fréquentes, sont encore monnaie courante en République dominicaine. La plupart des hôtels et des restaurants de bonne catégorie sont équipés d'inverseurs, qui prennent immédiatement le relais en cas de coupure.
- **Poids et mesures :** la coexistence du système américain, indigène et métrique est une originalité dominicaine. On conduit en kilomètres, on fait le plein d'essence en gallons américains (3,78 l), on mesure le tissu en *yardas* (0,914 m), les terrains en *tareas* (624 m²), et, enfin, on pèse en onces et en livres.

Formalités, visa et douane

Aucun visa n'est nécessaire pour les ressortissants français, belges, suisses ou canadiens. Il suffit d'être en possession d'un passeport valide ou d'une carte d'identité et d'acheter une carte de tourisme (10 $ ou 10 €)

lors de l'entrée en République dominicaine. Cette carte de tourisme donne droit à un séjour de trois mois dans le pays. Attention aux conditions d'entrée pour vos animaux de compagnies. Pour la République dominicaine le vaccin contre la rage est exigé. Vous devrez présenter le carnet de vaccination à jour et un certificat sanitaire international. Renseignez-vous avant votre départ pour savoir comment ils pourront vous accompagner. Pour en savoir plus, vous pouvez consulter les fiches pays de l'Ecole vétérinaire de Maison Alfort : www.vet-alfort.fr/ressources/anivoyage

Horaires d'ouverture et jours fériés

Horaires d'ouverture

Les horaires des commerces sont très fluctuants, souvent fermés à l'heure du déjeuner jusqu'à 15h ou 16h, et fermeture vers 19h. En revanche fermeture plus tardive dans les centres touristiques. Les horaires des compagnies de transports en commun sont très scrupuleusement respectés, surtout par les compagnies d'autobus d'envergure nationale.

Jours fériés

- **1er janvier :** jour de l'An.
- **6 janvier :** Épiphanie.
- **21 janvier :** Notre-Dame de Altagracia.
- **26 janvier :** Fiesta Patria – Naissance de Juan Pablo Duarte.
- **27 février :** Indépendance nationale.
- **Fin mars et début avril :** semaine sainte et Pâques.
- **1er mai :** fête du Travail.
- **Fin juin :** Corpus Cristi.
- **16 août :** restauration de la République.
- **24 septembre :** Notre-Dame-de-las-Mercedes.
- **12 octobre :** découverte de l'Amérique.
- **5 décembre :** découverte de Hispaniola.
- **25 décembre :** Noël.

Internet

De nombreux cybercafés ou point Internet se sont implantés dans tout le pays, notamment dans les grandes villes et dans les centres touristiques. Le wi-fi est disponible gratuitement dans de nombreux établissement hôteliers et dans certains bars/restaurants. Toutefois, les complexes tout-inclus n'offrent généralement qu'un accès via leurs ordinateurs et à des tarifs prohibitifs.

Langues parlées

La langue officielle est l'espagnol. Il reste toutefois des survivances de créole français dans la zone frontière et d'anglais dans les anciennes régions d'immigration des esclaves américains émancipés, à San Pedro de Macoris et Samaná. Presque tous les Dominicains en contact avec les touristes parlent l'anglais, l'allemand ou l'italien. Certains s'essaient même au français (« mon ami ! »).

Photos

En général, les Dominicains adorent prendre la pose. Ils adoptent volontiers des attitudes gouailleuses et aiment

© AUTHOR'S IMAGE

Peintures dominicaines.

la mise en scène. Prendre une photo devient alors un jeu, une occasion de rigolade… Les scènes de rue méritent souvent un cliché, et il est bien rare qu'un Dominicain refuse de se laisser tirer le portrait. Ils demandent parfois qu'on leur envoie un tirage en échange de leur gentillesse. En revanche les Haïtiens, nombreux dans le pays, sont beaucoup plus réticents à laisser capturer leur image.

Photo sous-marine et protection des intempéries

Eau, sable, pluie poussière : en voyage, votre appareil est mis à rude épreuve. Vous pouvez le protéger en achetant une housse de pluie (50 € environ) ou une pochette étanche (à partir de 10 €). En vinyle ou PVC, ce type de pochette permet même d'effectuer des clichés sous-marins jusqu'à 3 ou 5 m selon les modèles. Vous en trouverez notamment chez Nautistore ou Pearl.fr. Dans le cas où vous n'auriez pas pensé à vous munir de ce genre d'accessoire avant le départ, un bon vieux sac plastique assurera une protection minimale.

À noter : si votre appareil a été mouillé, n'essayez surtout pas de l'utiliser pour voir s'il fonctionne, c'est le meilleur moyen de l'endommager réellement. Laissez-le sécher 48 heures à l'air libre, boîtier ouvert.

Poste

La poste est très lente dans le sens Europe-République dominicaine (environ un mois pour un envoi normal). Le courrier fonctionne quasi normalement dans le sens République dominicaine-Europe, les lettres mettent une dizaine de jours à parvenir à destination.

Quand partir ?

Deux saisons ont la faveur des touristes, de la mi-décembre à mars et de juillet à août, avec une nette préférence pour la première.

© AUTHOR'S IMAGE

Cocoteraie sur la péninsule de Samaná.

→ **Pour connaître le temps** qu'il fait sur place, vous pouvez vous rendre sur le site www.meteo-consult.com – Vous y trouverez les prévisions météorologiques pour le monde entier.

Santé

La République dominicaine n'est pas un pays à hauts risques sanitaires. L'eau est le principal ennemi du voyageur. Il est recommandé de ne pas boire l'eau du robinet. Dans les *comedors* et bars locaux, il vaut mieux éviter les glaçons. Les marchés et les petits restaurants ne faisant l'objet d'aucun contrôle sanitaire sérieux, il faut être vigilant en matière de produits alimentaires. Certains poissons, en particulier les mérous, contiennent la *ciguatera*, un poison qui peut avoir des conséquences graves. Le risque d'empoisonnement existe pendant les mois d'été, car c'est à cette période qu'une algue, qui fait partie de la chaîne alimentaire de ce poisson, devient toxique. Aucun vaccin n'est obligatoire mais certains sont conseillés : DT-poliomyélite, fièvre typhoïde, hépatites virales A et B, rage. Attention aux moustiques qui peuvent véhiculer la dengue, le paludisme, la fièvre du Nil ou la leptospirose. Pensez à bien vous protéger.

→ **Pour vous informer de l'état sanitaire du pays** et recevoir des conseils, n'hésitez pas à consulter votre médecin. Vous pouvez aussi vous adresser à la Société de médecine des voyages du centre médical de l'Institut Pasteur au ✆ 01 40 61 38 46 (www.pasteur.fr/sante/cmed/voy/listpays.html) ou vous rendre sur le site du Cimed (www.cimed.org), du ministère des Affaires étrangères à la rubrique « Conseils aux voyageurs » (www.diplomatie.gouv.fr/voyageurs) ou de l'Institut national de veille sanitaire (www.invs.sante.fr).

Sécurité et accessibilité

Dangers potentiels

C'est bien connu, les zones touristiques attirent les requins – ici appelés *tigres*. Les précautions d'usage sont évidemment recommandées (sortir avec une somme minimum, ne pas arborer des bijoux provocants, de gros appareils photo, ne pas monter dans un taxi à la sauvette surtout la nuit, ne pas changer d'argent dans la rue...), mais la République dominicaine est un pays généralement sûr.

Police

Comme tout le personnel administratif, les policiers sont très mal payés. Le gouvernement ne les augmente pas, car il semble considérer que les pots-de-vin font partie de leur traitement. L'une de leurs activités consiste donc à guetter les automobilistes ou les motards, et à les arrêter sans raison. La discussion s'engage, vous lâchez quelques pesos, et le policier vous laisse repartir avec un sourire. Notre conseil : ralentir, les saluer d'un « holá amigo ! » en souriant, et continuer votre route. Ils ne vous suivront pas, mais vous salueront en retour.

Téléphone

- **De France en République dominicaine :** 00 + 1 + 809 ou 829 + les 7 chiffres du numéro local (portable ou poste fixe).
- **De République dominicaine en France :** indicatif de l'opérateur utilisé – à voir sur place + 33 + le numéro de votre correspondant sans le 0.
- **De République dominicaine en République dominicaine, en longue distance :** 1 + 809 + les 7 chiffres du numéro local.
- **De République dominicaine en République dominicaine sur un portable :** 1 + 809 ou 829 + les 7 chiffres du numéro.
- **De République dominicaine en République dominicaine, en local :** 809 + les 7 chiffres du numéro local.
- **De République dominicaine vers l'étranger :** évitez les hôtels, où les communications sont surtaxées au profit des centres téléphoniques privés – généralement ouverts jusqu'à 22h – qui se livrent une concurrence acharnée (Tricom, Turitel, Claro Codetel) et qui sont présents dans toutes les agglomérations.

Utiliser son mobile

Les téléphones cellulaires sont monnaie courante. Les accros pourront même en louer un pour la durée de leur séjour (ou acheter une carte SIM avec des unités prépayées à mettre dans leur téléphone). Les grands opérateurs internationaux ont pour la plupart des ententes avec les réseaux locaux, renseignez-vous avant de partir pour connaître les tarifs en itinérance afin d'éviter de mauvaises surprises au retour. Si vous souhaitez garder votre forfait français, il faudra avant de partir, activer l'option internationale (généralement gratuite) en appelant le service clients de votre opérateur.

Cabines et cartes prépayées

Il est possible d'acheter des cartes de téléphone de différentes valeurs dans tous les *colmados* (épiceries locales). Le téléphone via Internet se développe dans les zones touristiques.

Saint-Domingue

Janvier	Février	Mars	Avril	Mai	Juin	Juillet	Août	Sept.	Octobre	Nov.	Déc.
19°/29°	19°/29°	19°/29°	21°/29°	22°/30°	22°/31°	22°/31°	23°/31°	22°/31°	22°/31°	21°/30°	19°/29°

PENSE FUTÉ

Index

D

E

F

G

H

I

J

Iglesia de Santa Barbara à Santo Domingo.

R

S

T / V / Y / Z

Partagez vos bons plans sur la République dominicaine

Faites-nous part de vos expériences et découvertes. Elles permettront d'améliorer les guides du Petit Futé et seront utiles à de futurs voyageurs. Pour les hôtels, restaurants et commerces, merci de bien préciser avant votre commentaire détaillé l'adresse complète, le téléphone et le moyen de s'y rendre ainsi qu'une indication de budget. Dès lors que vous nous adressez vos bons plans, vous nous autorisez à les publier gracieusement en courrier des lecteurs dans nos guides ou sur notre site internet. Bien sûr, vous n'êtes pas limité à cette page...
Merci d'adresser vos courriers à PETIT FUTE VOYAGE, 18 rue des Volontaires, 75015 Paris ou infopays@petitfute.com

Qui êtes-vous ?

Nom et prénom ....

Adresse ....

E-mail .... Quel âge avez-vous ? ....

Avez-vous des enfants ? ❑ Oui (combien ?) ❑ Non

Comment voyagez-vous ? ❑ Seul ❑ En voyage organisé

Profession : ❑ Etudiant ❑ Sans profession ❑ Retraité
❑ Profession libérale ❑ Fonctionnaire ❑ Commerçant
❑ Autres ....

Quels sont, à votre avis, les qualités et défauts des guides Petit Futé ?

....

....

....

Votre bon plan

Nom de l'établissement : ....

Adresse : ....

Téléphone : ....

S'y rendre : ....

Budget : ....

Votre avis : ....

....

....

AUTEURS ET DIRECTEURS DES COLLECTIONS
Dominique AUZIAS & Jean-Paul LABOURDETTE

DIRECTEUR DES EDITIONS VOYAGE
Stéphan SZEREMETA

RESPONSABLES EDITORIAUX VOYAGE
Patrick MARINGE, Morgane VESLIN
et Caroline MICHELOT

EDITION ✆ 01 72 69 08 00
Julien BERNARD, Jeff BUCHE, Marie-Cécile HAINGUE,
Pierre-Yves SOUCHET et François TOURNIE

ENQUETE ET REDACTION
Hervé KERROS, Joanna DUNIS, Jonathan CHODJAI,
les Éditions NEOPOL, Audrey LORANS,
Catherine BARDON et Fanny MAITROT

MAQUETTE & MONTAGE
Sophie LECHERTIER et Romain AUDREN

MAQUETTE & MONTAGE
Delphine PAGANO, Julie BORDES, Élodie CLAVIER,
Élodie CARY, Évelyne AMRI, Laurie PILLOIS,
Sandrine MECKING et Marie AZIDROU

CARTOGRAPHIE
Philippe PARAIRE, Thomas TISSIER

PHOTOTHEQUE ✆ 01 72 69 08 07
Élodie SCHUCK

RELATIONS PRESSE ✆ 01 53 69 70 19
Jean-Mary MARCHAL

DIFFUSION ✆ 01 53 69 70 68
Eric MARTIN, Bénédicte MOULET assistés
d'Aissatou DIOP et Alicia FILANKEMBO

DIRECTEUR ADMINISTRATIF ET FINANCIER
Gérard BRODIN

RESPONSABLE COMPTABILITE
Isabelle BAFOURD assistée de Christelle MANEBARD,
Oumy DIOUF et Jeannine DEMIRDJIAN

DIRECTRICE DES RESSOURCES HUMAINES
Dina BOURDEAU assistée de Sandra MORAIS,
Claudia MARROT

■ CARNET DE VOYAGE RÉPUBLIQUE DOMINICAINE ■

NOUVELLES ÉDITIONS DE L'UNIVERSITÉ©
Dominique Auzias et associés©
18, rue des Volontaires - 75015 Paris
Tél. : 33 1 53 69 70 00 - Fax : 33 1 53 69 70 62
Petit Futé, Petit Malin, Globe Trotter, Country Guides
et City Guides sont des marques déposées ™®©
© Photo de couverture : CHERYL CASEY - FOTOLIA.COM
ISBN - 9782746967243
Imprimé en France par
IMPRIMERIE CHIRAT - 42540 Saint-Just-la-Pendue

Pour nous contacter par email,
indiquez le nom de famille en minuscule
suivi de @petitfute.com
Pour le courrier des lecteurs : country@petitfute.com

Certifié PEFC
Ce produit est issu de forêts gérées durablement et de sources contrôlées.
PEFC 10-31-1895
pefc-france.org

Achevé d'imprimer en 2013